Accoucher SANS péridurale

« QUE TES CHOIX REFLÈTENT TES ESPOIRS ET NON TES PEURS. »

Nelson Mandela

Direction de publication
Isabelle Jeuge-Maynart et Ghislaine Stora

Direction éditoriale
Agnès Busière pour la première édition
Émilie Franc pour la présente édition

Responsable éditoriale
Nathalie Cornellana
Avec la précieuse collaboration de Maud Le Geval

Relecture-corrections
Laurence Alvado

Direction artistique
Géraldine Lamy

Couverture
Sandra Personnelli pour la première édition
Véronique Laporte pour la présente édition

Adaptation graphique et mise en page
Sophie Compagne

Fabrication
Émilie Latour

Toutes les illustrations sont de Clerpée
(sauf pages 56, 81 et 149)

ISBN : 978-2-03-600949-3

Pour les Éditions Larousse, le principe est d'utiliser des papiers composés de fibres naturelles, renouvelables, recyclables et fabriquées à partir de bois issus de forêts qui adoptent un système d'aménagement durable. En outre, les Éditions Larousse attendent de leurs fournisseurs de papier qu'ils s'inscrivent dans une démarche de certification environnementale reconnue.

Accoucher SANS péridurale

POUR UN ACCOUCHEMENT NATUREL EN PLEINE CONSCIENCE

AURÉLIE SURMELY

LAROUSSE

SOMMAIRE

INTRODUCTION

LE MYSTÈRE DE LA VIE

Au fil de mes années d'études de sage-femme, j'ai réalisé à quel point j'étais admirative de la femme, dans sa puissance, et du bébé, dans ses capacités. La vie, la force de vie, emporte, lors de la naissance, toute logique, toute maîtrise. Ou presque. Je découvrais que certaines femmes se laissaient guider par quelque chose qui les dépassait.

Je voudrais partager avec vous ces découvertes, ouvrir des pistes de réflexion et surtout vous permettre de cheminer vers votre accouchement le plus sereinement possible, de la façon la plus belle qui soit.

L'ÉVOLUTION HUMAINE

Nous sommes à une époque où nous réalisons que nos capacités, à tout un chacun, peuvent être immenses. Pourtant, cela ne date pas d'hier : de grands penseurs nous avaient laissé quelques pépites pour trouver notre trésor intérieur. Je suis de ceux qui croient que les choses arrivent quand elles doivent arriver. Et l'évolution de notre humanité nous emmène vers des ouvertures, dont celle qui me semble la plus importante : l'ouverture du cœur.

Nous pouvons passer notre vie à être téléguidés, que ce soit par notre famille, nos croyances, nos peurs. Nous nous résignons à être indéfiniment un pion dans la vie, sans pouvoir imaginer qu'il aurait été possible d'être le roi ou la reine du jeu d'échecs.

Certains vont s'appliquer à trouver des solutions. Et lorsque l'on découvre que celles-ci existent, alors nous nous sentons pousser des ailes. Qui ne l'a pas ressenti au moins une fois ? Cette sensation où, tout à coup, tout nous est possible ?

Alors pourquoi ne pas continuer dans ce sens ? La puissance de la pensée, de notre cœur : voilà qui va nous permettre de vivre notre vie. Dans cette merveilleuse découverte de notre potentiel, vivons la période de la grossesse et de l'accouchement sous un autre angle. Dites-vous : « Je suis habitée par une force de vie pendant 9 mois, où la magie va s'opérer, où mon cœur va pouvoir s'ouvrir à une dimension qui, peut-être jusque-là, m'était inconnue. L'accouchement me permettra ensuite de toucher du doigt cette puissance, dans toute sa beauté. »

UN BEAU PROGRAMME !

Mois après mois, découvrez-en un peu plus sur vous, en pratiquant certains exercices, en prenant confiance en vous, en votre bébé et en la vie. Des témoignages pourront vous y aider, des pensées de grands sages, des réflexions sur ce que vous ressentez. Prenez des notes pour observer ce qui change en vous et autour de vous.

Il y a des moments dans la vie que l'on n'a pas envie de rater, comme son mariage ou l'achat d'un logement. L'accouchement en fait partie bien sûr. Et pour le préparer, pour le vivre au mieux, nous avons 9 mois. Ce n'est pas si long que ça.

J'ai voulu partager avec vous, à travers ces pages, mon expérience de sage-femme et de mère. Je vous livre également les témoignages de couples, de familles. Avec humilité et respect devant le temple de la vie.

La grossesse est un moment important et conditionne déjà la relation que l'on peut avoir avec son enfant. Elle permet au papa de démarrer son processus de paternité. Elle met en exergue ce qui est essentiel tout en bouleversant notre mental. Mais surtout, elle va vous permettre de vous préparer à cet accouchement naturel, physiologique. À cette naissance douce et respectueuse.

C'est le début d'un avènement, d'un chemin initiatique. Prête ? Suivez-moi !

1

QUELQUES ASPECTS TECHNIQUES À CONNAÎTRE

Il est important de pouvoir faire des choix pour être libre. Mais parfois, ce n'est pas si évident, car nous n'avons pas toutes les informations. Voici les éléments de réponse qui vous permettront de le faire.

Qu'est-ce qu'une péridurale ?

Il me semble intéressant de savoir ce qu'est la péridurale, même si vous ne souhaitez pas en avoir. Car parfois, l'accouchement ne se passe pas comme on l'avait imaginé et aussi parce qu'il me semble judicieux d'avoir des notions de ce que vous ne voulez pas.

La péridurale est une technique d'anesthésie dite « locorégionale », c'est-à-dire qu'elle ne concerne qu'une partie du corps : du haut du ventre jusqu'aux orteils. Elle a pour objectif d'atténuer ou de supprimer la douleur de l'accouchement. Elle est parfois réalisée pour des raisons médicales, comme en cas d'hypertension maternelle, mais elle est majoritairement pratiquée sur la demande de la patiente ou, du moins, avec son consentement.

Comment se déroule une péridurale ?

Au préalable, la sage-femme place un cathéter au niveau du poignet. Il servira à perfuser, *via* des tubulures, des solutions salines et/ou glucosées. L'intérêt est double : permettre d'injecter rapidement des produits médicamenteux en cas de nécessité et contrecarrer l'effet hypotenseur (c'est-à-dire la diminution de la tension artérielle) de la péridurale, car en « remplissant » le corps de liquide, on augmente la tension.

La maman est ensuite préparée pour la pose de la péridurale (blouse, bonnet, nettoyage de la zone de ponction, pose d'un champ stérile). L'anesthésiste lui demande, dans la position assise, de baisser les épaules et d'arrondir le bas du dos. Certains préfèrent qu'elle reste allongée, sur le côté.

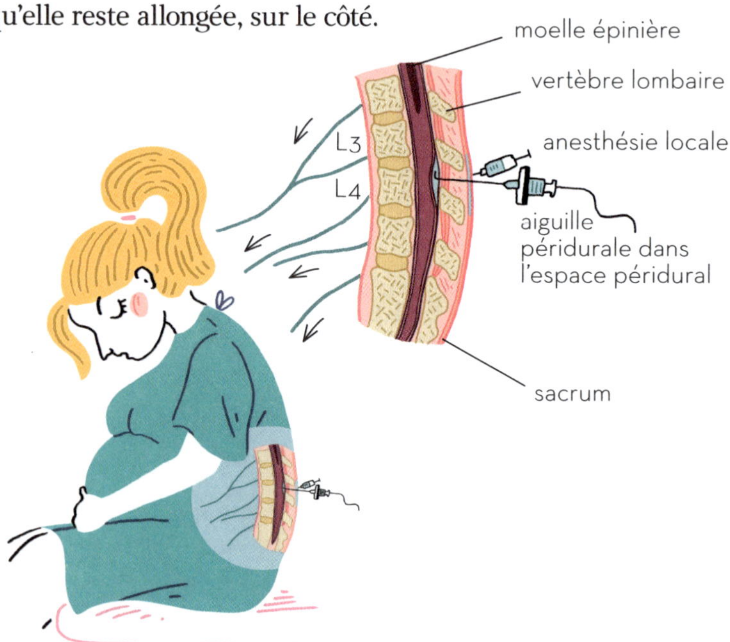

Un anesthésique local est d'abord injecté au niveau de la peau, grâce à une aiguille intradermique. Une fois la zone endormie, on insère, pratiquement sans douleur, une aiguille jusque dans l'espace péridural, entre la 3e et la 4e lombaire. À l'intérieur de l'aiguille est glissé un cathéter. Une fois en place, il servira à acheminer les produits anesthésiants à partir d'une pompe électrique. Cette pompe peut délivrer le produit en continu ou en dose-bolus, grâce à une commande à distance donnée à la maman.

Les produits injectés sont des anesthésiques locaux, bupivacaïne et lidocaïne, ainsi que des adjuvants, adrénaline et morphiniques.

Après la pose, il est demandé à la patiente de rester quelques minutes allongée sur le dos, les jambes symétriques, pour que les produits anesthésiants imprègnent correctement les tissus de façon bilatérale. Une surveillance plus importante commence alors :

– **Pour la maman :** tension artérielle, saturation en oxygène, pulsations cardiaques, électrocardiogramme. L'anesthésiste et la sage-femme évalueront régulièrement l'efficacité de la péridurale et la capacité du corps à gérer ou non les effets indésirables.

– **Pour le bébé :** un monitoring permanent est recommandé pour détecter d'éventuelles anomalies du rythme cardiaque fœtal, dues à la péridurale et à ses conséquences.

Effets secondaires et complications de la péridurale

Trop peu d'études nous permettent d'évaluer les dangers de cet acte médical, sur la maman et sur le bébé. Pour autant, il est possible de lister un certain nombre d'effets indésirables.

CHEZ LA MAMAN

Des hypotensions artérielles, des démangeaisons, des tremblements, un blocage du fonctionnement de la vessie, d'où la nécessité d'effectuer des sondages réguliers pendant le travail. Comme les produits anesthésiants circulent dans l'organisme, on peut aussi observer de la somnolence, avec la sensation d'être droguée, des nausées, des vomissements.

La péridurale nécessite (très majoritairement) de compenser la diminution des contractions par une hormone de synthèse appelée Syntocinon®. Elle se substitue à l'ocytocine, l'hormone naturelle que sécrète notre corps. L'utérus sera moins efficient. Les contractions seront moins performantes et moins fréquentes. Les conséquences seront donc de freiner ou de stopper le travail. Si la péridurale est pratiquée trop tôt, ce risque augmente. L'équipe médicale sera d'autant plus vigilante quant aux anomalies liées à une insuffisance ou une trop forte activité utérine.

L'une des complications de la technique de la péridurale est de provoquer une effraction de la dure-mère, qui est l'enveloppe de la moelle épinière. Dans ce cas, des maux de tête sévères et des douleurs du rachis et de la nuque sont ressentis presque immédiatement.

Le risque de paralysie reste très exceptionnel.

Après l'accouchement, il peut survenir des douleurs lombaires, des douleurs de type sciatique ou lumbago aigus. Une douleur localisée au niveau du point de ponction est assez fréquente, surtout en cas de ponction difficile. Cette douleur peut notamment se raviver lors de certains mouvements, parfois jusqu'à plusieurs semaines après l'accouchement.

CHEZ LE BÉBÉ

Des ralentissements du cœur du bébé, un état de vigilance diminué (mouvements fœtaux moins importants). Les contractions étant moins performantes comme indiqué plus haut, l'hormone de synthèse administrée peut être la cause de souffrance fœtale aiguë si elle est trop fortement dosée. En effet, des contractions trop fortes (hypercinésie utérine) ou trop rapprochées (hypercinésie de fréquence) seront mal tolérées par le bébé. Son apport en oxygène et en glucose en sera brutalement modifié. Les données et les études manquent pour montrer l'impact de ces produits et leurs conséquences sur le bébé.

Les autres types d'analgésies

– Moins pratiquée, **la rachianesthésie** permet une action rapide, mais avec un effet plus court dans le temps. C'est pour cela qu'elle est principalement utilisée durant les césariennes.

– **Le bloc paracervical** (injection d'anesthésique dans les culs de sac vaginaux), **le bloc des nerfs honteux internes** (ponction traversant les ligaments sacro-sciatiques afin d'injecter l'anesthésique soit par voie intravaginale, soit par voie transpérinéale). Ces méthodes sont relativement peu usitées et la plupart d'entre elles ne sont efficaces qu'au moment de l'expulsion.

– **L'analgésie inhalatoire :** c'est un mélange de protoxyde d'azote et d'oxygène inhalé par le biais d'un masque. Son efficacité est incomplète et permet uniquement de modifier l'état de conscience.

– **L'anesthésie générale :** elle est utilisée uniquement en cas d'extrême urgence et induit que la naissance se fasse par césarienne. Elle peut être aussi employée en urgence pour effectuer une révision utérine si la maman n'a pas eu de péridurale lors de l'accouchement, dans le cas où il y aurait une rétention de tout ou partie du placenta après la naissance.

Différences entre physiologie, eutocie et pathologie

Il est important de comprendre ce qu'est une naissance physiologique par rapport à une naissance eutocique. Comme on le verra par la suite, une naissance physiologique ne conduira pas au même résultat, n'aura pas les mêmes conséquences. Le vécu sera aussi tout à fait différent.

ACCOUCHEMENT PHYSIOLOGIQUE

L'accouchement physiologique est l'activation du processus de la naissance sans qu'il y ait d'interférence et d'intervention extérieure. C'est donc un accouchement sans péridurale, pour peu que l'on ne le médicalise pas par la suite bien entendu : pas de perfusion intraveineuse, pas de rupture artificielle des membranes, pas d'intervention de la part d'un tiers.

ACCOUCHEMENT EUTOCIQUE

C'est un accouchement exempt de pathologie. Un accouchement avec une analgésie péridurale peut être considéré comme eutocique si aucune pathologie n'y est liée.

ACCOUCHEMENT PATHOLOGIQUE

C'est un accouchement qui présente des anomalies, entraînant des conséquences plus ou moins graves sur la mère et/ou l'enfant. Une prise en charge médicale est nécessaire, voire vitale, pour assurer au maximum leur sécurité et intégrité.

Nous ne sommes alors plus dans la physiologie de la naissance, ni dans l'eutocie. Il y a des dysfonctionnements, des altérations, des complications. Par exemple, un accouchement où l'on rompt artificiellement la poche des eaux et qui aura pour conséquence une souffrance fœtale, une instrumentalisation lors de l'expulsion du bébé, une hypertension ou de la fièvre maternelle durant le travail.

L'effet papillon en salle d'accouchement

Il est important d'avoir conscience qu'un geste médical en entraînera probablement un autre. Lorsque la physiologie est court-circuitée, cela équivaut à un grain de sable dans un rouage. Il va donc falloir compenser ce que le corps aurait fait sans cette intervention médicale. La péridurale reste, bien sûr, la première cause incriminée. Mais avant cela, il est possible de troubler cette merveilleuse alchimie du corps. Voici quelques exemples d'effet papillon.

DES CONTRACTIONS CHIMIQUES

Le déclenchement de l'accouchement va nécessiter des hormones de synthèse pour « mimer » un début de travail. La maman se voit donc administrer des prostaglandines au niveau du col ou une perfusion de Syntocinon® si le col semble prêt et qu'il n'y a pas ou peu de contractions efficaces. Une fois dans l'organisme, ces hormones de synthèse vont perturber les glandes qui en sécrètent naturellement. Le corps va être obligé de chercher un équilibre.

Les contractions induites par ces hormones de synthèse ne sont pas adaptées, car elles sont soit trop fortes, soit pas assez. Effectivement, comment connaître leur dosage exact permettant aux contractions d'être efficaces sans qu'elles ne soient délétères pour bébé ou maman ? Il n'y a que le corps qui est capable d'une telle prouesse.

Nous sommes donc en train de jouer aux alchimistes, avec des molécules qui doivent être dosées et adaptées à chaque étape de la naissance. La sage-femme doit non seulement être garante de l'eutocie en puisant dans ses compétences médicales, mais elle doit aussi être suffisamment attentive aux signaux du corps afin d'ajuster le protocole médicamenteux.

Une fois que le corps a été dépossédé de ses propres hormones, des gestes techniques vont devoir être réalisés pour permettre à la naissance de se faire dans les meilleures conditions.

UNE VESSIE À RAS BORD

Avec une péridurale, vous ne pouvez plus vider votre vessie. Elle se remplit alors, bloquant le passage du bébé comme un gros ballon devant sa tête. Il faudra donc pratiquer un sondage urinaire afin d'évacuer l'urine.

LA RUPTURE DE LA POCHE DES EAUX (MEMBRANES)

C'est un geste qui est pratiqué très couramment, pour « accélérer » le travail. L'effet escompté est que le bébé plonge vers le col pour que celui-ci se dilate plus rapidement, grâce à la pression de la tête du bébé. Le fait de rompre la poche des eaux induit notamment une libération d'ocytocine qui accentue les contractions.

Si la maman n'a pas de péridurale et qu'une rupture artificielle des membranes (RAM) est pratiquée, la douleur l'emportera certainement sur la gestion et l'équilibre qu'elle avait pu avoir auparavant. Il y a un changement dans l'intensité et la fréquence des contractions qui deviennent moins gérables, moins supportables. À nouveau, on quitte le processus naturel, et donc le rythme naturel de la naissance.

Mais ce n'est pas tout, l'effet papillon sera assez conséquent dans certaines situations. Il peut y avoir des risques de procidence du cordon, c'est-à-dire que le cordon ombilical s'engage avant la tête du bébé. La tête comprime alors le cordon et empêche la bonne circulation dans les vaisseaux se trouvant à l'intérieur de celui-ci. Par voie de conséquence, cela prive le bébé notamment de ses apports en oxygène et en glucose.

La tête du bébé peut aussi mal se présenter (mal fléchie, asynclite…). Il peut y avoir stress fœtal. Le risque infectieux, dû au fait que la poche ne protège plus le bébé d'une éventuelle contamination, peut augmenter avec le temps et le nombre de touchers vaginaux effectués pendant le travail.

Aucun geste n'est anodin. Il y aurait tant d'autres exemples à citer. Ce qui me semble important, c'est que vous preniez conscience de l'impact d'un geste technique sur le processus de la naissance.

Tout est une question de timing

La grossesse respecte un timing : 9 mois en moyenne, soit environ 41 SA (semaines d'aménorrhée). Mais la « fourchette » est plus large. On parle de « prématurité » avant 37 SA et de « post-terme » après 41 SA, sachant que l'on peut encore attendre, avec une surveillance, jusqu'à 4 à 5 jours après le terme. Mais tout de même, la grossesse correspond à une certaine durée.

Il n'en est pas de même pour l'accouchement. En fait, il est impossible de prévoir de combien de temps le corps d'une femme aura besoin pour faire naître le bébé, une fois les contractions de travail lancées. Du moins, pas pour une grossesse physiologique, car le rythme est particulier à chaque naissance, à chaque femme.

À QUELLE HEURE VA-T-ELLE ACCOUCHER ?

Durant ma pratique de sage-femme, j'ai eu l'occasion de travailler dans une clinique à taille humaine, car le nombre d'accouchements à l'année était assez bas. Lors de mes premières gardes, un gynécologue est passé prendre connaissance de l'activité des salles d'accouchement. À mon grand étonnement, il me posa cette question : « À quelle heure va-t-elle accoucher ? »

J'ai pensé qu'il devait faire de l'humour. Puis j'ai vite compris qu'il attendait une réponse sérieuse. J'ai rassemblé mes connaissances, mon expérience et je me suis efforcée de lui donner une estimation. À l'époque, j'étais encore jeune et je n'osais pas toujours donner mon opinion. Quoi qu'il en soit, j'ai compris qu'il attendait de moi que je « dirige » l'accouchement au lieu de l'« accompagner ».

Suite à cela, j'ai demandé à travailler de nuit pour éviter ce genre de situation. J'ai vécu des moments magiques durant ces gardes, avec les mamans, avec les couples, avec les bébés et avec la toute petite équipe de nuit que nous étions.

La nuit donne un caractère intime à l'accouchement, comme une bulle protectrice. Je crois que c'est à ce moment-là, dans cette clinique, que j'ai vraiment découvert le rythme de la naissance. Je dirais même : le rythme des naissances. La naissance du bébé, la naissance d'une mère, la naissance d'un père.

L'HORLOGE DU COL

Lorsque l'on est étudiante sage-femme, on apprend que le col se dilate de 1 cm par heure pour une femme qui devient maman pour la première fois et que la naissance intervient 1 heure après la dilatation complète.

Mais ces chiffres me sont vite apparus erronés. Des femmes pouvaient rester de longues heures à 4 ou 5 cm de dilatation, puis m'appelaient 2 minutes après l'examen de leur col pour me dire qu'elles avaient envie de pousser. Et les bébés naissaient rapidement après. D'autres avaient au contraire le col qui s'ouvrait vite, et la naissance pouvait alors être qualifiée « d'express » ! En fait, j'observais à chaque fois des situations différentes, des rythmes différents. Dès lors, j'étais celle qui veillait, mais pas celle dirigeait. Je devenais une « sage-femme », une sage-femme en devenir, à l'écoute de la vie et des femmes, des bébés.

Mais plus encore, je comprenais à quel point il était important de respecter le rythme de la naissance.

2

SE PRÉPARER EN AMONT

Lorsque l'on fait le choix d'accoucher sans péridurale, il est important de se remémorer à quel point le processus de la naissance est incroyable. Notre corps est « programmé » pour porter et donner la vie. Si nous ne contrarions pas cette alchimie parfaite, nous ne pouvons que nous émerveiller.

Prendre conscience de son potentiel

En effet, tout s'est mis en place lorsque nous étions dans le ventre de notre propre mère. Nous avons déjà un capital de follicules nous permettant, un jour, de devenir maman à notre tour. Nos organes sexuels (primaires et secondaires) se sont développés en prévision d'accueillir la vie en nous et de la nourrir. Tout est fait et tout se prépare afin que nous puissions nous reproduire.

C'est d'ailleurs très impressionnant, quand on pense qu'un minuscule spermatozoïde, d'une longueur totale de 55 μm, peut féconder un ovocyte de 120 μm de diamètre au moment de l'ovulation. Tout ça pour donner un bébé qui fera en moyenne 3 300 g et 50 cm à la naissance. Oui, c'est incroyable ! Et ce n'est que le début des prouesses du corps de la femme.

Une fois que la fécondation a eu lieu, imaginez l'utérus qui sera capable de « loger » votre bébé, de le protéger, de lui apporter tout ce dont il a besoin sur un plan physiologique *via* le placenta. Votre peau, vos muscles, imbibés d'hormones, sont capables de s'étirer, autant au niveau du ventre qu'au niveau du périnée, pour que bébé puisse naître le jour J (quand on regarde l'entrée du vagin, on se demande comment c'est possible qu'un bébé puisse en sortir !).

Tout cela, c'est notre corps, et ce potentiel à accompagner et donner la vie lui confère un aspect magique, sacré. On ne peut qu'admirer tout ce processus. C'est pour cela qu'il faut à nouveau se rappeler que notre corps « sait » faire. Nous n'avons pas besoin d'intellectualiser ce qu'il se passe, bien au contraire. Si nous sommes davantage capables de nous faire confiance, de dépasser nos appréhensions, nous lui laisserons tout son champ d'action libre. Nous ne lui mettrons aucun obstacle.

UNE VISION PLUS LARGE

Laura Kaplan Shanley, maman américaine de quatre enfants nés à domicile, écrit dans son livre *Accoucher par soi-même* (2012) : « C'est à chacun de s'affranchir de ses doutes et de ses peurs, et de commencer à croire en ses capacités. Quelle meilleure manière de commencer que la naissance d'un bébé ? »

Bien que je ne fasse pas ici l'apologie de l'accouchement non assisté, il me semble important de réaliser que, aux quatre coins de la planète, beaucoup de femmes font naître leur bébé sans assistance, sans médicalisation. Doit-on dire que c'est « stupide », « aberrant » ou « dangereux » ? Parce que c'est différent de ce que nous faisons ici ? Pensez-vous que ces femmes préféreraient être à notre place, dans nos maternités ?

« ILS NE SE MOQUENT PAS DE TOI ? »

J'ai eu l'occasion de visionner un reportage magnifique dans l'émission *Rendez-vous en terre inconnue* animé par Frédéric Lopez. Il avait invité en 2016 Sylvie Testud, comédienne, romancière et réalisatrice française, à rencontrer les Gorane au cœur du Sahara, dans le nord-est du Tchad. Voici l'échange entre une femme Gorane, enceinte de son deuxième enfant, et Sylvie Testud, mère de deux enfants :

> **SYLVIE TESTUD.** – *Et toi, tu vas accoucher dans ta maison ?*
>
> **LA MAMAN GORANE.** – *Bien sûr, on accouche toujours dans nos maisons.*
>
> **ST.** – *Et quelqu'un va t'aider ?*
>
> **LA MAMAN GORANE.** – *Non, j'accouche seule et j'appelle les autres seulement après avoir coupé le cordon… Ce n'est pas comme ça dans ton pays ?*
>
> **ST.** – *Alors… moi, par exemple, je savais que j'allais aller à l'hôpital, je savais qu'il y aurait un médecin plus deux assistants. Et tout le monde t'aide à accoucher.*
>
> **LA MAMAN GORANE.** – *Ils ne se moquent pas de toi ?*
>
> **ST.** – *Pourquoi ils se moqueraient de moi ?*
>
> **LA MAMAN GORANE.** – *Parce que, pour accoucher, tu n'as pas besoin qu'on t'aide !*

Je trouve cet échange fascinant. Bouleversant, en fait. Parce que nos univers s'entrechoquent et que, finalement, on réalise à quel point notre point de vue peut parfois être limité par nos croyances, notre culture. Les plus pragmatiques diront : « Oui, mais attention, quel est le taux de mortalité chez eux ? Ils n'ont pas la chance d'avoir nos machines, nos connaissances… » Il est évident que les progrès que nous avons faits en obstétrique, et plus généralement dans le domaine médical, nous permettent de sauver des vies. Mais la vraie question est : utilisons-nous judicieusement notre technique lorsqu'il s'agit de grossesse et d'accouchement ? Ne sommes-nous pas en train de vouloir contrôler « la femme dans sa puissance d'enfantement » et surtout ne coupons-nous pas la femme de ses capacités ? Au point qu'elle ne réalise même plus qu'elle est capable de faire naître son bébé ?

Pourquoi faire le choix d'accoucher sans péridurale ?

Si vous lisez ce livre, c'est probablement parce que vous avez soit déjà décidé d'accoucher sans péridurale, soit que l'idée vous tente, mais que vous avez besoin d'être rassurée dans cette démarche. Les raisons peuvent être différentes d'une femme à une autre. D'ailleurs, chaque naissance est elle-même différente pour une même femme.

Voici les raisons que m'ont données des femmes :

– *« J'ai choisi d'accoucher sans péridurale, car j'ai une peur panique des aiguilles. »*

– *« J'ai un mauvais souvenir de ma première péridurale. Elle n'a pas été bien faite, je sentais tout d'un seul côté. »*

– *« J'ai accouché tellement vite la première fois que l'on n'a pas eu le temps de me la poser. Du coup, cette fois-ci, je préfère me préparer à ne pas en avoir. »*

– *« Je me suis sentie dépossédée de mon accouchement à cause de la péridurale, de la médicalisation de l'accouchement. Pour cette naissance, je veux être actrice de mon accouchement. »*

– *« J'ai très envie d'accoucher dans l'eau, donc pas de péri ! »*

– *« Nous avons le projet, avec mon compagnon, de donner naissance à notre bébé à la maison. »*

– *« La première fois, l'accouchement a été déclenché. Ça a été horrible. Le travail a été long et difficile. Ça s'est fini avec des forceps parce que je n'arrivais pas à pousser… Je ne veux plus vivre ça. Je veux m'offrir un accouchement non médicalisé, naturel ! »*

– *« J'ai accouché deux fois sans péridurale et, pour ce troisième accouchement, je ne le vois pas autrement. »*

Avant moi, toutes ces femmes

Il est important de prendre conscience que nous ne sommes pas seules ! Prenez le temps d'y penser : toutes ces femmes qui ont déjà donné naissance (sans péridurale), toutes celles qui, en ce moment même, donnent naissance et toutes celles qui donneront naissance le même jour où votre bébé naîtra. C'est vertigineux.

EN RÉSUMÉ
Dans le monde et depuis l'apparition de l'homme, on estime à 80 milliards le nombre de naissances. En 2014, il y a eu environ 380 822 naissances par jour.

Quand on prend le recul, on peut sentir cette énergie de vie qui va au-delà de l'espace et du temps. C'est important de réaliser que nous sommes porteuses, indépendamment de nous, de la vie.

Exercice pour se relier à toutes les femmes

Si vous le souhaitez, faites cet exercice qui ne dure que 1 minute.

Fermez les yeux. Imaginez que, derrière vous, il y a toutes ces femmes qui, depuis la nuit des temps, ont donné naissance.

Essayez de vous les représenter par des images, des visages, des silhouettes.

Sentez leur énergie, leur force, leur courage.

Essayez de vous sentir partie intégrante de cette lignée. Vous avez hérité de leur qualité, de leur magie, de leur puissance.

Maintenant, visualisez devant vous les futures générations de femmes. L'élan de vie qui se dresse devant vous. Reliez-vous à ces femmes. Sentez que vous voulez leur apporter de la douceur, de la confiance.

Pour finir, sentez le moment présent, vous, avec ces femmes, sans qu'il y ait de limite dans le temps ou l'espace. Gardez conscience que nous sommes toutes unies.

Retrouver son énergie féminine

La grossesse nous permet de redécouvrir notre corps. Il va évoluer pour s'adapter afin d'accueillir un petit être, mais il va aussi nous demander de l'attention. On ne peut pas faire l'impasse : il nous sollicite et demande à être choyé. Les formes s'accentuent, notre silhouette devient pulpeuse, attire notre regard.

La grossesse est un moment privilégié. On doit observer, accompagner et soigner son corps comme peut-être on ne l'a jamais fait auparavant. Il émet un signal très vite lorsque quelque chose ne va pas. Les signes d'alerte comme la fatigue, la peau qui craque, les chevilles qui gonflent sont autant de messages pour nous obliger à prendre soin de lui. Et tant mieux, car concrètement, c'est le seul « véhicule » que l'on ait, et ce, jusqu'à la fin de notre vie sur terre. J'ai toujours trouvé que le corps de la femme était magnifiquement bien fait : s'offrir pour « couver » la vie ou les vies (dans le cas d'une grossesse multiple).

Pourtant, nous ne savons que très peu comment l'aider, le valoriser, l'honorer. On dit que le corps est un temple sacré. Et ça me parle. Nous avons toutes envie qu'il nous emmène le plus loin et le mieux possible. Seulement, rares sont celles, en Occident, qui savent comment se comporter avec lui. Nous devrions l'aimer, danser avec lui, le masser, avoir de la tendresse. Il est notre compagnon de vie : s'il souffre, nous souffrons ; s'il vit pleinement, il nous le fait savoir avec des messages hormonaux, énergétiques, il nous fait alors vibrer sur tous les plans.

Pendant la grossesse, son action se déploie. Alors, aidons-le. Prenons du temps pour lui !

COMMENT FAIRE POUR ENTOURER NOTRE CORPS D'AMOUR ?

Étirez-vous le matin, comme un chat, faites quelques postures de yoga pour le réveiller et l'éveiller, massez-le avec des huiles (bio si possible), mangez de façon raisonnable et raisonnée, choisissez des produits lavants (naturels de préférence) pour ne pas l'agresser. Mettez une musique et dansez avec lui. Découvrez ses limites et ses possibilités, qui changent tout au long de la grossesse.

Ayez de belles pensées en vous regardant dans le miroir. Notre corps est comme une plante : si vous lui parlez avec amour, il ressentira de bonnes vibrations. Prenez du temps pour vous reposer afin qu'il puisse récupérer et cibler son action là où il y en a besoin. Il ne faut pas le forcer, mais l'écouter.

Faites-lui sentir la terre sous vos pieds nus, ça lui permettra aussi de décharger, comme une prise de terre, toutes les ondes qui lui sont néfastes. Méditez pour apaiser et dénouer les tensions. Prenez des douches, des bains afin de recevoir tous les bienfaits de l'eau.

ENTRE NOUS

Pour apprendre à mieux connaître votre corps, vous pouvez aussi participer à des groupes de femmes. Il en existe peut-être près de chez vous : des Tentes Rouges, des associations de parents et futurs parents ou simplement des groupes organisés par votre sage-femme, par exemple.

Vous pourrez vous exprimer et bénéficier du témoignage des autres femmes présentes. Vous serez aussi surprise de réaliser à quel point nous sommes toutes capables de briller, de laisser jaillir notre lumière, d'être en harmonie avec notre corps. Souvent, les femmes réagissent de deux façons diamétralement opposées lorsqu'elles sont enceintes. Certaines sont subjuguées et ont un profond sentiment de respect pour leur corps. D'autres ont des difficultés à accepter ces formes de mère-femme si accentuées.

La période de la grossesse va nous permettre d'établir une relation différente avec notre corps. Il ne tient qu'à nous de transformer notre vision positivement et de profiter de cette opportunité pour lui rendre ces lettres de noblesse.

Pourquoi se préparer à accoucher naturellement ?

Pour simplifier, je dirais qu'il y a les mamans pour qui la préparation à la naissance n'est pas nécessaire, car la naissance est naturelle. Et celles qui assistent aux cours principalement pour apprendre à pousser et à respirer. Bien sûr, il existe aussi de nombreuses autres raisons qui poussent une femme à y assister ou non.

➔ LA NAISSANCE EST NATURELLE, PAS BESOIN DE PRÉPARATION

Aux femmes qui partagent cette idée, car la femme accouche depuis que le monde est monde, j'ai déjà envie de leur dire « félicitations ! » En effet, il est nécessaire de se faire confiance, de faire confiance au déroulement de la naissance et au potentiel de leur bébé à naître. Cela me semble essentiel.

Cependant, je mettrais un petit bémol. Autrefois, les femmes ne se posaient certainement pas autant de questions que nous. Et surtout, elles n'accouchaient pas en structure hospitalière. Elles n'étaient pas confrontées au corps médical ni aux protocoles hospitaliers. Les médias ne véhiculaient pas l'image d'une femme en train d'accoucher, bien souvent avec une péridurale et en position gynécologique, c'est-à-dire sur le dos. Il y avait quelque chose de l'ordre de la survie à l'époque, certes, mais on savait que la naissance était un acte naturel. Tout cela a bien disparu, de même que la transmission de mère à fille ou de femme à femme. Je ne parle pas des forums de mamans où l'on échange ses craintes, ses espoirs, son excitation. Non, je parle de cette transmission orale ou écrite de porter et de donner la vie.

Nous sommes dans une société individualiste. Chacun vit chez soi, chacun vit sa vie. On partage sur les réseaux sociaux, on papote entre filles, on bouquine quelques revues sur la maternité, mais on n'y trouve rien d'essentiel.

Ce qui est tout aussi flagrant, c'est la méconnaissance de notre corps. La transmission ne se fait pas correctement non plus lorsque l'on est adolescente. Les premières règles, le premier rapport sexuel, la transformation physique : il n'existe quasiment plus de rituel pour acter les passages d'une étape de vie à l'autre, pour enseigner.

Jeunes filles, nous sommes souvent larguées face à notre métamorphose. Lors des consultations gynécologiques, il m'est arrivé de demander : « Repérez-vous les moments où vous ovulez ? », « Avez-vous déjà ressenti votre utérus se contracter pendant vos règles ? », « Savez-vous contracter votre périnée ? » Non seulement la très grande majorité me répondait non, mais souvent, cela provoquait en retour la question : « Mais comment pourrais-je le savoir ? »

Oui, la transmission n'a pas eu lieu, la connaissance du corps est presque inexistante. Dans la vie de tous les jours, que ce soit au niveau de sa sexualité ou pour préserver et entretenir son corps, les notions les plus basiques manquent sévèrement. On en arrive donc au point où, lorsque la grossesse est connue, lorsque l'accouchement approche, soit une peur s'installe, soit l'ignorance de son corps abolit cette peur. On pense alors : « Ok, je ne connais pas mon corps, mais ce n'est pas grave, de toute façon, c'est eux qui vont m'accoucher, ils connaissent leur job. »

LE JOUR J, EN SALLE D'ACCOUCHEMENT

On est rattrapée par la peur lorsque l'on comprend assez vite, aux premières fortes contractions, que ce n'est pas si simple : comment faisaient-elles, ces femmes d'autrefois, sans péridurale ? Et pourquoi est-ce que la sage-femme n'est pas avec moi tout le temps pour me soutenir ? Pourquoi ne vient-elle que 10 minutes toutes les heures, alors que, moi, j'ai besoin justement que l'on m'aide ?

Prendre conscience de son corps, l'accompagner, l'écouter, l'accepter dans toutes ses manifestations et en prendre soin, voilà qui devrait pourtant aider. C'est d'ailleurs ce que l'on retrouve dans les séances de préparation à la naissance. En fait, les sages-femmes essaient de vous reconnecter avec votre corps et avec cette confiance en vous.

SE PRÉPARER POUR APPRENDRE À ACCOUCHER

Pour les mamans qui vont aux séances de préparation afin d'apprendre à pousser et à respirer, je les félicite également, car c'est un premier pas vers plus de connaissances. Mais j'espère qu'elles ne vont pas apprendre à pousser et à respirer, plutôt à se faire confiance : vous savez déjà respirer, pendant un effort notamment. Ce que l'on va vous dire, c'est surtout de bien vous oxygéner, d'avoir des respirations longues, profondes, qui sont tout le contraire des respirations liées à l'angoisse, où l'on respire de façon superficielle, saccadée, rapide. Ne vous laissez pas gagner par la panique, car votre respiration sera moins efficace. Retrouvez une respiration ample et généreuse.

De même pour pousser. Vous savez pousser. Et connaître votre corps va vous y aider un peu plus. Vous le faites de façon presque quotidienne aux toilettes pour aller à la selle. D'ailleurs, vous ne devriez pas ! Car si vous poussez, vous exercez une pression aussi sur l'ensemble de vos organes abdominaux, sur votre périnée.

D'où l'importance de savoir ce qu'est le périnée. Comment faire pour mettre un bébé au monde sans pousser ? Simplement en sachant décontracter son périnée et en laissant l'utérus faire son travail : expulser le bébé.

CHANGER DE REGARD SUR LES CHOSES

Oui, votre corps sait comment faire et votre bébé aussi. Mais en fait, votre agitation mentale et la méconnaissance de votre corps risquent d'être des obstacles considérables.

Ina May Gaskin, une sage-femme de renommée internationale, a fondé une maison de naissance dans son village, au sud du Tennessee. Avec ces consœurs, elle accompagne des naissances et suit aussi des naissances à domicile. Ce qui est remarquable, c'est qu'elle a pu, sur une longue période, évaluer les résultats suivants : « Notre taux de césarienne jusqu'en 2000 était de 1,4 % ; notre taux d'extraction aux forceps ou à la ventouse était de 0,05 %. Le taux de césarienne aux États-Unis s'élevait à 31,1 % en 2001 et celui des extractions instrumentales avoisinait les 10 %. »

Elle rajoute : « Il est rare que des complications et des difficultés se présentent quand les femmes sont bien préparées à l'accouchement. » (*Le Guide de la naissance naturelle*, Mama Éditions, 2012.)

CHOISIR POUR ÊTRE LIBRE

Plusieurs séances sont prévues pour vous parler de votre corps et de ses capacités, mais aussi pour vous aider à dompter votre mental, lâcher prise, accepter : sophrologie, yoga, piscine, massages, étirements... Tout cela existe pour permettre aux femmes de vivre ou revivre cette conscience du corps. C'est aussi un moment pour soi, pour le couple ou pour rencontrer d'autres couples. Ne plus être seule face à certaines peurs, les verbaliser, entendre d'autres femmes exprimer ces mêmes peurs. Se rassurer et conforter l'idée que la force de vie nous accompagnera si, du moins, on laisse la magie opérer.

Le plus important alors, à mon sens, est de pouvoir choisir. Parce qu'en faisant un choix, plutôt que de devoir accepter une situation par défaut, on ne vit pas les choses de la même manière, bien au contraire. Se sentir acteur, faire des choix éclairés, en conscience, est souvent la clé du bonheur.

Connectez-vous à cette sagesse intérieure et découvrez les capacités de votre corps en expérimentant, en écoutant, en apprenant.

Comment se préparer à accoucher naturellement ?

Une bonne préparation à la naissance sera celle qui vous correspondra le mieux. Cela paraît évident dit comme ça, mais beaucoup de couples se dirigent vers une sage-femme sans avoir pris le temps de réfléchir à leurs vrais besoins, à leurs envies. Et comment le savoir si c'est un premier bébé ou si, malgré le fait que ce soit une énième grossesse, vous n'avez jamais eu les informations nécessaires pour vivre une naissance différente de celle(s) que vous avez vécue(s) ? Alors comment prendre conscience de ses besoins ? Pour répondre à cette question, il va falloir d'abord faire un petit check-up !

DES PISTES DE RÉFLEXION

Prenez un moment avec votre compagnon pour en parler et mettez par écrit vos envies et vos besoins. Cela vous permettra aussi de les partager avec votre sage-femme. Dès lors, elle pourra plus facilement vous accompagner.

Voici quelques exemples de questions à se poser :

– *« Pourquoi est-ce que je choisis d'accoucher sans péridurale ? »*

– *« Pourquoi est-ce important pour moi de me sentir actrice de mon accouchement et, pour mon compagnon, de pouvoir être acteur ? »*

– *« Lorsque je ferme les yeux et que je m'imagine en train de donner naissance, comment cela se passe-t-il ? Suis-je dans l'eau ? Debout, en train de marcher ? Suis-je accroupie en train de prendre mon bébé dans mes mains ? Y a-t-il du monde autour de moi ? »*

– *« Quels sont les outils qui me permettent de me détendre habituellement : la lecture ? la musique ? les massages ? le silence ? l'isolement ? la méditation ? le chant ?... »*

UN SENTIMENT DE SÉCURITÉ

Le fait de se projeter et de faire le point sur vos envies et vos besoins vous permettra de garder en tête un fil conducteur. Ensuite, il est intéressant de s'attarder sur le mot « sécurité ». Le sentiment de sécurité va être primordial pour permettre à la naissance de se dérouler naturellement. Alors, à nouveau, essayez de répondre à quelques questions : quel est l'environnement qui me semble le plus sûr ? Serais-je plus sereine à la maison, dans une maison de naissance, à l'hôpital ? Est-ce que je me sens plus en sécurité si je suis avec une sage-femme en permanence ? Est-ce que je souhaite être en présence d'une doula (accompagnatrice à la naissance) à la maternité ? Est-ce que je me sentirai au contraire plus détendue si la sage-femme est très discrète et mon mari très présent ? Est-ce que je ressens le besoin d'être entourée de matériel médical sophistiqué pour me sentir en sécurité ?...

J'insiste vraiment sur ce sentiment de sécurité. Certaines mamans verbalisent une grande angoisse à l'idée de s'imaginer accoucher dans une maternité. Elles souhaitent plutôt un lieu intime, une personne référente pour accompagner, un accouchement non médicalisé. Ce sont les arguments qui reviennent le plus souvent en faveur d'un accouchement à domicile.

A contrario, des mamans préféreront être avec une équipe médicale dans une salle pleine d'appareils, persuadées que, si elles ne sont pas à l'hôpital, leur vie et celle de leur bébé pourraient être en danger. Le sentiment de sécurité est donc très subjectif.

➔ ÉCLAIRAGE SUR CETTE NOTION DE SÉCURITÉ

J'ai eu l'occasion, en tant que sage-femme mais aussi lors de mes études, de travailler dans des structures hospitalières et de pratiquer des accouchements à domicile. J'ai aussi eu la chance d'avoir comme professeure Bénédicte De Thysebaert, initiatrice de la création d'une maison de naissance. Ainsi, j'ai pu avoir suffisamment de connaissances pour me faire une idée sur les différentes possibilités quant au choix du lieu de naissance.

J'ai ainsi pu réévaluer le sentiment de sécurité que l'on peut éprouver suivant le lieu où l'on donne naissance à son enfant.

➔ AU-DELÀ DE NOTRE CHAMP DE PERCEPTION

Pour commencer, il a fallu bien sûr que je passe outre mes préjugés et mes croyances. J'ai vite compris que, si je restais bloquée dans mes convictions, je ne pourrais pas explorer toutes les alternatives. Alors j'ai ouvert mon esprit, je me suis affranchie de mes barrières mentales et je me suis laissée porter par mes découvertes. J'ai observé, analysé. Je suis passée par de nombreuses émotions, de nombreux états, allant de la peur à une joie intense, de la colère à un sentiment profond de gratitude. J'ai vécu des moments vraiment forts, quel que soit le lieu où je me trouvais.

Mais j'ai été surprise de constater à quel point nous pouvions avoir une vision erronée. Lorsque j'ai commencé à travailler en structure hospitalière, je me suis sentie en insécurité. Ce n'était pas un sentiment omniprésent, mais récurrent, car il me semblait impossible d'apporter de la sécurité aux mamans et aux bébés. J'étais bien souvent seule face à une activité débordante. Or, l'on ne parle pas là de dossiers à traiter, mais d'êtres humains. La pression est assez conséquente.

Je jonglais entre les salles d'accouchement. Je sentais que mon accompagnement n'était pas à la hauteur de ce que j'aurais pu donner ou de ce que j'aurais voulu donner. Mais surtout, je devais faire face à des accouchements médicalisés, où tout pouvait basculer à n'importe quel moment. La médicalisation d'un accouchement est un accompagnement vraiment à part. Il nécessite une vigilance particulière. Mes premières grandes frayeurs ont été des situations d'urgence dont la cause était la médicalisation.

« LA PRUDENCE EST MÈRE DE SÛRETÉ »

Peut-être était-ce lié à ma sensibilité, à ma vision de la naissance. Quoi qu'il en soit, j'ai décidé assez rapidement de travailler en libéral et d'accompagner des naissances à domicile. Un jour, quelqu'un m'a dit : « Mais tu n'as pas peur qu'il arrive quelque chose ? Tu te rends compte, le temps que tu ailles à l'hôpital, tout peut se passer… » Et voilà la réponse que j'ai donnée : « En réalité, j'ai choisi la facilité en accompagnant les mamans, les couples, les familles pour des naissances à domicile. » Je note souvent l'effet de surprise avec cette phrase, avant de poursuivre : « Les mamans sont triées sur le volet : pas d'antécédents médicaux, elles sont en bonne santé, il n'y a pas eu de grossesses ou d'accouchements pathologiques antérieurs, le pronostic est parfait et la grossesse se déroule au plus proche de la physiologie. Et en plus de tout cela, l'hôpital doit être à moins de 30 minutes. Si je détecte la plus petite anomalie qui pourrait présager un accouchement non physiologique, je transfère la maman. J'apporte tout le matériel nécessaire à une urgence, même si je pars avec la maman bien avant qu'il faille l'utiliser. Mes exigences sont nombreuses. »

Et de conclure : « En réalité, je ne me suis jamais sentie autant en sécurité depuis que je pratique l'accompagnement global !

Je connais les couples, les mamans. Je ne suis pas une inconnue pour eux et je sais ce qu'ils désirent. Je sais aussi que ces couples-là sont souvent très bien informés. Ils ne font pas le choix d'un accouchement à domicile par hasard. Ils se sentent acteurs, souhaitent se responsabiliser, faire des choix, vivre ces moments intenses en conscience. Alors, c'est vrai, je suis chanceuse de les accompagner ! »

LE VÉCU DE LA NAISSANCE

Ceci dit, ne vous y trompez pas : les naissances peuvent aussi être merveilleuses en structure hospitalière. Et elles le sont parce qu'elles sont vécues comme telles. C'est votre vécu qui est important. Peu importe l'endroit où vous serez et le lieu que vous aurez choisi pour mettre votre enfant au monde. Si vous vivez bien ce moment, il restera un événement incroyable.

Pour y parvenir, il me semble pourtant que vous devez être consciente des forces et des limites de chacune des possibilités. Ainsi, vous pourrez vous adapter et élaborer, éventuellement, un scénario qui pourrait mieux vous convenir : accoucher en structure, mais avec une sage-femme qui aura suivi votre grossesse (qui bénéficie donc d'un plateau technique) et/ou solliciter une doula. Si vous souhaitez vivre l'accouchement en structure, mais sans y rester des heures, vous pouvez commencer le travail à la maison et partir dans la dernière ligne droite. Vous pouvez choisir une structure à taille humaine, avec un nombre de naissances à l'année qui avoisine les 300 accouchements par exemple. Vous pouvez aussi faire le choix de vous inscrire dans une maison de naissance ou une maternité qui propose des salles dites « nature ».

Où accoucher ?

Nous avons la chance d'être libres d'accoucher où nous le souhaitons quasiment sur tous les continents. En France, nous pouvons désormais accoucher dans des maisons de naissance, bien qu'elles soient encore expérimentales, peu nombreuses et qu'elles ne correspondent pas aux critères des maisons de naissance que l'on trouve dans d'autres pays, tels que le Canada, les États-Unis, la Suisse, les Pays-Bas…

Nous pouvons aussi choisir d'accoucher à domicile ou en structure.

LES MATERNITÉS DE NIVEAU I, II OU III

Il y a des différences importantes entre les maternités. Par exemple, vous n'aurez pas le même suivi, le même accompagnement ou les mêmes attentions si vous choisissez une maternité de niveau III à la place d'une maison de naissance. Simplement parce que ce type de structure est conçu pour accompagner des naissances dites « pathologiques ». Une équipe médicale travaillant dans une maternité de niveau III sera donc beaucoup moins à même de vous accompagner dans votre projet d'accouchement sans péridurale. Il est vrai qu'en ayant toute la journée des situations à risque, on en oublierait que l'accouchement est un acte naturel. On ne peut pas le leur reprocher, car en se focalisant sur la pathologie pour aider les femmes qui en ont réellement besoin, on se spécialise dans la pathologie. Et il faut des personnes capables de nous aider aussi lorsque ça ne va pas.

Il faudra donc choisir consciencieusement le lieu de naissance pour être dans un milieu qui vous convienne.

– **Maternité de niveau I**

Ces maternités peuvent accueillir des accouchements dits « à bas risque », à partir de la 36-37e SA (semaines d'aménorrhée). Elles proposent des consultations de grossesse et assurent les urgences obstétricales et gynécologiques. Il y a obligatoirement au moins une sage-femme de garde 24h/24 et 7j/7. Il doit y avoir un obstétricien, un anesthésiste réanimateur et un pédiatre présent ou d'astreinte, pouvant se déplacer rapidement à la maternité.

– Maternité de niveau II

Elles ont les mêmes capacités d'accueil que celles de niveau I, mais elles sont équipées d'un service de néonatalogie. On distingue une maternité de niveau IIa et de niveau IIb. Ainsi, un nouveau-né peut être pris en charge si le terme se situe entre :

- 32 et 36 SA, avec des bébés pesant entre 1 500 et 2 500 g, pour un niveau IIa,
- 30 et 32 SA, avec des bébés pesant entre 1 000 et 1 500 g, pour un niveau IIb.

Les maternités de niveau IIb disposent aussi d'un service de soins intensifs en néonatalogie. D'autres encore ont un service pouvant prendre en charge les grossesses dont les risques peuvent être importants pour la maman, avec un service de réanimation pour adulte.

– Maternité de niveau III

Elles se distinguent par leur capacité à prendre en charge, dans leur service de néonatalogie, des bébés nés dès 24 SA et à partir de 500 g, très prématurés ou nécessitant des soins spécifiques. L'établissement permet aussi d'hospitaliser des femmes enceintes avec des risques pour elles ou leurs bébés, nécessitant une prise en charge et une surveillance particulière. Elles sont équipées d'un service de réanimation pour adulte, d'un service de soins intensifs et de radiologie.

LES MAISONS DE NAISSANCE

Ces structures autonomes, indépendantes sont dirigées exclusivement par des sages-femmes. Elles permettent aux femmes d'être suivies tout au long de leur grossesse et d'y accoucher.

La maison de naissance se veut chaleureuse, équipée de tout le dispositif médical nécessaire et d'un maximum de confort pour la petite famille qui se crée ou s'agrandit. On y retrouve généralement des chambres (équipées de baignoire, un lit double, des ballons, des écharpes pour se maintenir…), une cuisine, des salles de consultation, une salle de préparation à la naissance.

Pour le moment, il existe très peu de maisons de naissance en France et elles ne correspondent pas aux critères internationaux. Mais les choses évoluent, et j'ai bon espoir que celles-ci deviennent indépendantes des structures hospitalières pour être libres, à l'image de très nombreux pays.

➔ LES PLATEAUX TECHNIQUES

De plus en plus de maternités souhaitent ouvrir leurs portes aux parents qui désirent être accompagnés par leur sage-femme. En effet, vous pouvez choisir une sage-femme libérale, et ce, dès le début de votre grossesse, pour qu'elle la suive : déclaration de grossesse, consultation médicale, prescription des examens, séances de préparation à la naissance… Puis cette même sage-femme vous accompagnera le jour J de l'accouchement à la maternité. Un contrat peut être signé entre elle et la maternité, afin de louer une salle d'accouchement le temps de la naissance.

Personne d'autre n'interviendra dans cette salle, sauf si l'équipe médicale y est sollicitée ou si vous avez demandé les services d'une doula, par exemple. L'idée est d'avoir un suivi global par la même sage-femme. Pour trouver votre sage-femme, vous pouvez consulter l'annuaire de l'Association nationale des sages-femmes libérales (ANSFL) sur leur site.

➔ LES ACCOUCHEMENTS À DOMICILE (AAD)

Les femmes ont le droit de faire naître leur bébé où elles le souhaitent. C'est un droit qui me semble fondamental. Ainsi, on peut choisir de rester chez soi pour faire naître son enfant. Dans ce cas pourtant, les femmes sont souvent contraintes d'accoucher seules en France. Effectivement, à l'heure actuelle, ces femmes ne peuvent pas bénéficier d'un accompagnement par une sage-femme, car les sages-femmes ne peuvent pas payer l'assurance obligatoire pour exercer en libéral.

Pour les femmes qui souhaitent un accouchement non assisté (ANA), d'un point de vue légal, c'est possible. Mais les parents vont avoir du mal à trouver une sage-femme qui pratique les accouchements à domicile : une soixantaine en France seulement propose cet accompagnement. Quelques sages-femmes vont pourtant passer outre ce défaut d'assurance pour ne pas laisser les parents seuls et assurer la sécurité de la famille. Encore une fois, avoir le choix est essentiel et fait partie de nos droits.

Pour trouver une sage-femme libérale pratiquant les accouchements à domicile, contactez la sage-femme la plus proche de votre domicile pour qu'elle puisse vous donner ses coordonnées, si vous avez la chance d'en trouver une dans votre département. S'il n'y en a pas, mais que vous souhaitez maintenir votre projet, adressez-vous au professionnel de santé qui suit votre grossesse.

J'aimerais aussi inviter les parents à soutenir le Collectif de défense des accouchements à domicile (CDAAD) : quel que soit votre choix ou votre position, nous devons permettre aux couples de donner naissance en présence d'une sage-femme.

Qui sera là ?

EN STRUCTURE HOSPITALIÈRE

– Soit la sage-femme qui a assuré le suivi de votre grossesse si elle a un contrat avec la structure hospitalière. On appelle cela un « plateau technique », c'est-à-dire qu'elle peut utiliser les locaux et le matériel nécessaire à l'accouchement physiologique (cela équivaut à une location de salle d'accouchement).

– Soit la sage-femme de garde au moment de votre accouchement.

– Soit la doula si vous avez fait appel à elle et si elle-même a un accord avec la structure pour vous accompagner, en plus de la sage-femme de garde ou de votre sage-femme dans le cadre d'un plateau technique.

EN MAISON DE NAISSANCE

Vous serez accueillie par la sage-femme de garde, mais il est très probable que vous la connaissiez déjà, même si vous ne l'avez pas beaucoup vue pendant la grossesse. Elles sont en général quelques-unes à assurer les gardes et font en sorte que vous puissiez toutes les connaître pour établir une relation de confiance. Vous pouvez aussi être accompagnée par une doula en plus de la sage-femme.

À DOMICILE

Ce sera votre sage-femme, celle qui a assuré tout votre suivi de grossesse, qui sera présente. Il se peut qu'elle travaille en binôme pour assurer les gardes 24h/24 et 7j/7, mais de la même façon que pour les maisons de naissance, vous serez amenée à rencontrer les deux sages-femmes au cours de votre grossesse. Plus rarement, certains médecins proposent aussi cet accompagnement.

Certains parents font le choix d'un accouchement non assisté à domicile. Il n'y a alors, par conséquent, aucun professionnel de santé présent lors de l'accouchement.

Permettre à son bébé de naître

Il y a une dimension tout à fait incroyable dans le fait de donner naissance à son bébé sans anesthésie comme la péridurale. Être en totale possession de son corps, pouvoir répondre à ses besoins en ayant la possibilité de l'écouter, sentir comment son bébé descend dans son bassin et intuitivement l'aider grâce à des mouvements... Tout cela se fait uniquement parce que votre corps est en alerte, il peut déployer tout son potentiel. Il a été conçu pour cela, pour assurer la survie de notre espèce. La magie opère.

Le bébé se laisse, lui aussi, porter par ce flot de vie, cette énergie qui le pousse à sortir de sa bulle. Il est prêt pour cela, il sent qu'il voyage avec vous, dans ce processus de la naissance. En plus des lois de la physique et de la chimie, il y a aussi cet aspect spirituel, sacré, entre deux mondes. Un passage qui est comme une évidence pour lui. Il ne se contente pas de se laisser porter. Nombreux sont les bébés qui s'activent pour sortir. Le bébé pousse des pieds sur le fond utérin, cherche avec sa tête le meilleur passage. C'est un vrai travail d'équipe entre la maman et le bébé.

Quel est l'intérêt de vivre les contractions sans péridurale ?

Lorsque l'on est en totale possession de ses moyens, que le corps n'est pas bridé par une péridurale, la naissance a beaucoup plus de chance d'être physiologique.

Cela s'explique très simplement. La péridurale est un acte médical qui vient troubler le bon déroulement de l'accouchement, autant d'un point de vue psychique que physique.

D'abord d'un point de vue psychique, car même si les contractions et la durée du travail de l'accouchement peuvent vous sembler longues et laborieuses, c'est aussi un temps nécessaire. Il vous permet de vous préparer à la naissance, à la rencontre avec bébé. Oui, vous avez déjà eu le temps de vous préparer à la venue de votre bébé, mais là, c'est différent. Tout à coup, vous réalisez que votre bébé sera là, dans quelques heures, dans vos bras.

Imaginez-vous dans votre quotidien : vous êtes en train de lire sur votre canapé, en plein milieu de l'après-midi. Vous savez que la date du terme approche et vous profitez des derniers jours pour vous reposer, vous détendre. Tout à coup, vous ressentez une forte contraction et votre bébé naît. Vous le découvrez là, tout de suite, à côté de vous, sur le canapé. Comment vous sentiriez-vous ? Déboussolée probablement, voire désemparée. Le temps des contractions est donc nécessaire pour prendre conscience de l'arrivée de bébé. Être et devenir mère demande du temps. Chaque étape est précieuse.

Quant à la péridurale, une fois posée, elle provoque une diminution de notre état d'éveil. Je ne saurais vous donner un pourcentage exact du nombre de femmes qui s'endorment ou, en tous les cas, qui se sentent déconnectées, mais cela concerne une majorité d'entre elles. Le fait que nous nous déconnections de notre corps nous empêche de vivre pleinement le déroulement de la naissance. Nous ne recevons plus les mêmes informations et le corps non plus, car lui-même est « dupé » par les produits anesthésiants. Alors, les mamans pensent à autre chose, discutent, dorment, tweetent pour donner des nouvelles.

Or, la nature a prévu quelques heures pour donner naissance. Pour faire naître notre bébé, mais pour naître aussi en tant que maman et papa. On dit souvent qu'à un accouchement, il y a trois naissances. C'est vrai, et ce, même si ce n'est pas un premier enfant pour les parents. On naît parents de cet enfant-là, ce jour-là.

Nous créons donc une dynamique dans la naissance, nous sommes dans l'action, dans l'accompagnement, pour autant que nous soyons en pleine possession de nos moyens.

De plus en plus de scientifiques s'intéressent au vécu de l'accouchement et de la naissance pour établir une corrélation avec le devenir psychique de l'enfant. Ils considèrent l'impact du déroulement de la naissance et par la suite la relation qui s'installe avec le bébé. Oui, c'est vrai, rien n'est anodin.

J'aimerais cependant nuancer mes propos. Car la péridurale, si elle est posée, ne sera pas forcément un acte délétère. Il me semble que nous pouvons donner naissance en ayant conscience de ce qu'il se passe et en accompagnant notre bébé avec le cœur, dans l'amour.

D'un point de vue physique, vous l'aurez compris, le corps n'est plus apte à se mobiliser correctement pour donner naissance. Ses capacités sont réduites, les sécrétions d'hormones perturbées (suite au court-circuit des informations que le corps fait parvenir au cerveau), l'utérus devient moins efficace dans ses contractions, et en tant que sage-femme, j'ai pu observer de façon quasi systématique un ralentissement du cœur du bébé dans les minutes qui suivent la pose de la péridurale. Je suppose donc (et là, je ne peux malheureusement pas m'appuyer sur des études scientifiques, du fait qu'il n'en existe pas à ma connaissance) que le bébé est « dérangé » par les produits anesthésiants.

Un projet de naissance

Vous avez certainement entendu parler du « projet de naissance ». Le concept est simple : rédiger une lettre reprenant vos souhaits, vos envies, vos désirs, vos intentions et vos objectifs pour vivre et accompagner la naissance de votre bébé. Cette lettre sera lue par l'équipe médicale, plus précisément par la sage-femme qui sera présente pour l'accouchement.

Les thèmes les plus abordés dans les projets de naissance sont :

- *La mobilité pendant le travail.*
- *Favoriser la communication avec les parents et l'équipe.*
- *Prendre des décisions ensemble.*
- *Permettre au papa d'être le plus présent et le plus acteur possible.*

- *Éviter autant que possible une médicalisation de l'accouchement.*
- *Privilégier l'instinct maternel dans les positions, le ressenti.*
- *Permettre à la maman de vivre ce moment avec le plus d'intimité possible.*
- *Accueillir le bébé avec douceur (diminution des bruits, des lumières…).*
- *Laisser le bébé en peau à peau sans intervenir les 2 premières heures au moins et dans la mesure du possible.*
- *Si une césarienne devait avoir lieu, privilégier la présence du papa.*
- *Ne pas couper le cordon ombilical avant que celui-ci ne cesse de battre de lui-même.*
- *Ne pas faire d'épisiotomie.*
- *Ne pas baigner/laver le bébé durant au moins les premières 24 heures.*
- *Ne pas aspirer le bébé à la naissance pour prélever du contenu gastrique.*

Cette liste n'est pas exhaustive, car elle doit vous correspondre. Vous devez vous l'approprier et l'élaborer en fonction de ce qui vous semble juste pour vous. Vous pouvez bien entendu en parler avec votre sage-femme.

Le projet de naissance vous permettra aussi d'effectuer des recherches, car la plupart des parents découvrent certains actes ou certaines idées en lisant d'autres projets de naissance. C'est donc un excellent moyen, à mon sens, de se préparer à la naissance et de prendre conscience de ce moment.

Je reste persuadée qu'il est plus facile de vivre une situation que l'on a choisie ou acceptée qu'une situation imposée ou non réfléchie.

Je vous propose de découvrir le projet de naissance rédigé pour un couple souhaitant accueillir leur bébé dans une maternité.

Natasha et Cyprien X, parents d'un bébé à terme pour le --/--/--

Nous vous présentons notre projet de naissance afin d'échanger avec vous sur le déroulement de l'accouchement et l'arrivée au monde de notre bébé.

Nous avons choisi votre maternité, car nous avons été sensibles à vos labels « Amis des bébés » et « Amis des papas ».

Nous savons que vous prêtez une attention toute particulière au bien-être de toute la famille. Nous vous remercions par ailleurs de vous rapprocher des besoins et des envies des parents.

Nous souhaitons exprimer ici ce qui nous anime, ce qui nous tient à cœur. Non pas comme une simple demande, mais comme un état de fait. Nous avons besoin d'être respectés dans la façon dont nous souhaitons accueillir notre enfant. Étant donné que chaque parent est différent, il nous semble important que vous preniez connaissance de ce courrier.

De notre côté, nous savons que votre métier n'est pas reconnu à sa juste valeur. Vos gardes sont longues et votre responsabilité énorme. Nous comprenons que vous ne pourrez pas nous accorder tout le temps dont nous aurions besoin. Nous espérons qu'il n'y aura pas un trop grand nombre de naissances ce jour-là. De ce fait, nous avons décidé de dupliquer ce courrier et de le faire parvenir à la direction de votre hôpital.

Nous souhaitons que tous les parents se fassent entendre et respecter. Nous demandons donc le droit à des soins et à un accompagnement digne d'un service public en réclamant « une sage-femme pour une maman ». Nous soutenons la profession de sage-femme et souhaitons qu'elle puisse à nouveau être représentative de la physiologie des naissances.

NATASHA
J'ai préparé une tenue pour la salle d'accouchement et je souhaite la porter. Je n'éprouve pas la nécessité de porter la blouse que vous mettez à disposition pour les mamans.

Nous avons pu bénéficier de séances pendant la grossesse. Ainsi, nous avons compris l'importance de se mobiliser pendant le travail et l'expulsion. Nous utiliserons donc volontiers vos ballons, écharpe de portage et baignoire. Je déambulerai dans les couloirs, me reposerai de temps à autre dans notre chambre en maternité. Nous ne souhaitons pas rester des heures enfermés en salle d'accouchement.

J'accepte une surveillance sous monitoring de 30 minutes toutes les heures, tant que mon accouchement reste physiologique bien entendu. S'il s'avère nécessaire d'écouter et de contrôler le rythme du cœur du bébé ainsi que la dynamique utérine plus régulièrement, je serais à votre écoute.

J'ai prévu de m'alimenter et de boire pendant le travail si j'en ressens le besoin.

Nous sommes conscients que l'environnement doit être modifié pour accueillir en douceur notre bébé. C'est pourquoi nous souhaitons que les lumières soient tamisées. Nous avons à notre disposition une playlist pour écouter de la musique en salle d'accouchement. Lors de l'expulsion, nous souhaitons que l'atmosphère soit calme. Nous souhaitons que notre bébé perçoive cette douceur. Je ne ressens pas le besoin d'être coachée en me demandant de pousser très fort. J'accompagnerai le réflexe expulsif. Mon corps suivra le mouvement de la naissance.

Il est évident pour nous que, tant que l'accouchement reste physiologique, nous ne souhaitons pas qu'il soit dirigé ou médicalisé. Je préfère aussi que mon périnée subisse une déchirure plutôt que de subir une épisiotomie. Je souhaite aussi qu'il n'y ait pas de points de suture s'il s'agit d'une déchirure au premier degré.

Je vous remercie aussi de ne pas me proposer la péridurale si je ne l'ai pas explicitement demandée durant le travail.

Je demande aussi qu'aucun produit ne me soit injecté lors de la délivrance du placenta (en l'occurrence du Syntocinon®). Je souhaite une délivrance naturelle avec l'ocytocine que mon corps sécrète naturellement et spécifiquement à ce moment-là.

CYPRIEN

Je suis heureux de pouvoir accompagner ma femme pour ce grand jour. Nous avons pu bénéficier de séances pendant la grossesse afin que je puisse l'aider au mieux. Aussi, j'aurai besoin de votre soutien. Je ne connais que très peu les locaux et le matériel mis à notre disposition. Je souhaiterais pouvoir proposer à ma femme des ballons, une écharpe, un bain... Je vous remercie de m'aider à me repérer dans vos locaux.

Si la naissance n'est plus physiologique et qu'une césarienne est programmée, je souhaite être présent et prendre rapidement mon bébé dans mes bras, en peau à peau. Si mon enfant a besoin d'une réanimation, je souhaite être également présent pour le toucher, lui parler, afin de le ramener à nous par ma présence et mon amour, mais aussi de le soutenir dans cette épreuve.

NOTRE BÉBÉ

Nous souhaitons que l'atmosphère de la salle soit propice au calme. Nous sommes désireux qu'il naisse dans cette douceur que nous chérissons depuis le début de la grossesse.

Nous désirons que le cordon soit coupé uniquement lorsqu'il aura fini de battre. Mon mari ou moi-même coupera le cordon au moment qui nous semblera le plus juste.

Suivant la position que j'adopterai pour la naissance, j'aimerais pouvoir attraper moi-même mon bébé. Si la position ne me le permet pas ou si, pour une tout autre raison, je ne le fais pas, mon mari souhaite pouvoir le faire.

Je garderai mon bébé en peau à peau durant les 2 heures de surveillance que nous passerons en salle d'accouchement. Nous ne souhaitons pas que lui soient administrés la vitamine K ni le collyre (qui perturberait la première tétée et notre premier contact visuel) durant ces 2 premières heures de vie. La pesée et les mensurations se feront aussi quelques heures plus tard. Nous savons que vous ne pratiquez plus le bain à la naissance et nous approuvons tout à fait cette position.

Nous vous remercions pour votre professionnalisme. Vous faites partie de cette grande aventure, par votre présence bien sûr, mais aussi parce que nous la partageons avec vous.

Natasha, Cyprien, bébé

« LE MONDE QUE NOUS AVONS CRÉÉ
EST UN PROCESSUS DE NOTRE PENSÉE.
IL NE PEUT PAS ÊTRE MODIFIÉ SANS
CHANGER NOTRE FAÇON DE PENSER. »

Albert Einstein

Vos questions

Est-ce que notre projet de naissance sera respecté ?
Je ne peux pas vous dire oui. Car malheureusement, ce n'est pas si évident. Je crois qu'il est important de comprendre que, si vous accouchez dans un lieu qui s'éloigne beaucoup d'un accompagnement physiologique, comme une maternité de niveau III, votre projet risque d'être mis à mal. Ensuite, tout dépendra aussi de votre sage-femme. Si celle-ci pratique l'accompagnement global en plateau technique, vous aurez certainement plus de chance qu'elle respecte vos souhaits.

Mais sachez qu'il est important de transmettre votre projet, même si vous pensez que certaines demandes peuvent être refusées. Simplement parce que plus il y aura de demande dans ce sens et plus l'équipe devra remettre sa pratique en question.

Il ne faut pas oublier que la maternité est un « service ». Qu'il soit public ou privé (à plus forte raison s'il est privé), le personnel est payé pour et par vous. L'argent de vos impôts vous permet de bénéficier de ses services. Vous pourriez aussi accoucher chez vous. Il n'y a rien d'obligatoire.

Donc, lorsque vous franchissez les portes d'une maternité et que vous « dégainez » votre carte vitale, vous payez un service. Est-ce que vous vous imaginez rentrer dans un métro et que l'on vous dise où vous asseoir et à quelle station vous devez descendre ? Non. Vous savez que vous payez ce service pour vous déplacer où bon vous semble. Un service que l'on paie doit donc être un service qui nous convient. Nous nous devons d'être exigeants tout en restant dans une dynamique positive et bienveillante. C'est d'ailleurs ce que vous devez attendre des personnes qui vous accompagneront. C'est un « travail » d'équipe. Elles doivent assurer votre sécurité et votre confort, et vous devez vous positionner comme des personnes sollicitant un service qui répond à leurs besoins.

On m'a dit de faire un projet de naissance, mais je ne comprends pas pourquoi il faut le faire…

Oui, cela interpelle en effet, car on s'imagine, en tant que parents, que l'équipe médicale saura quoi faire pour nous accompagner dans cette aventure.

Alors, pour répondre à cette question, j'aime partager cette métaphore : imaginez que vous ayez la possibilité de construire la maison de vos rêves. Vous avez suffisamment de ressources pour la financer et vous avez trouvé le lieu idéal. Vous prenez alors rendez-vous avec un architecte.

Vous lui expliquez que vous souhaitez construire une belle maison et que le plus important pour vous est qu'elle soit solide et saine. L'architecte vous donne un délai pour vous livrer la maison. Vous êtes heureux et attendez, bien sûr, avec impatience le jour J où vous pourrez enfin vous y installer et savourer chaque moment de la vie dans votre cocon.

Le grand jour est là. L'architecte vous invite à le rejoindre directement sur place. Les yeux écarquillés et le cœur palpitant, vous découvrez alors votre maison. Et là, stupeur… Au beau milieu du terrain, vous voyez une maison en forme de bloc, sur pilotis. Les fenêtres sont orientées nord et est. À l'intérieur, il y a sept chambres et une salle d'eau de quelques mètres carrés. La cuisine ne comporte qu'un petit évier posé sur des tréteaux.

L'architecte vous sourit en vous tendant les clés de la maison : « Bienvenue chez vous ! »

Que faites-vous ? Vous vous jetez sur lui et vous lui arrachez les cheveux ? En réalité, il n'a rien fait de mal.

Il a répondu à votre attente : vous livrer une maison, solide et saine. Peut-être que cette maison plaira à un autre couple, mais pas à vous. Vous vous retrouvez face à une situation inextricable.

De la même façon, lorsque vous vous retrouverez en salle d'accouchement, si vous ne faites pas part de vos attentes, vos envies, vos désirs, vous ne pourrez pas reprocher à l'équipe médicale de ne pas avoir agi correctement en ce qui vous concerne. Comment pourraient-ils le savoir ?

Vous comprenez donc à quel point il est important de préparer votre projet et de le communiquer.

3

LA NAISSANCE PHYSIOLOGIQUE

Même si chaque accouchement est différent, il existe une « trame » qui nous permet d'en identifier les étapes. Découvrez ce que votre corps a prévu de faire pour aider votre bébé à naître, mais aussi ce que sont les contractions et comment les identifier pour savoir quand le travail a commencé.

Les 3 étapes de la naissance physiologique

LES PHASES DE LATENCE, ACTIVE ET DE TRANSITION

La première étape est composée de 3 phases.

– **La phase de latence**, ou pré-travail, permet au col de se préparer à la dilatation. En effet, le col est habituellement long, plus ou moins 3 cm, dur et postérieur (lorsque l'on insère les doigts dans le vagin, le col est en arrière).

Les contractions et les sécrétions hormonales vont le ramollir et le raccourcir. Cette phase permet à l'utérus d'installer un rythme et une intensité suffisante pour que les contractions soient efficaces. Les contractions vont donc progressivement devenir plus régulières, toutes les 2 à 3 minutes en moyenne, et de durée similaire, avec une moyenne de 1 minute par temps de contraction.

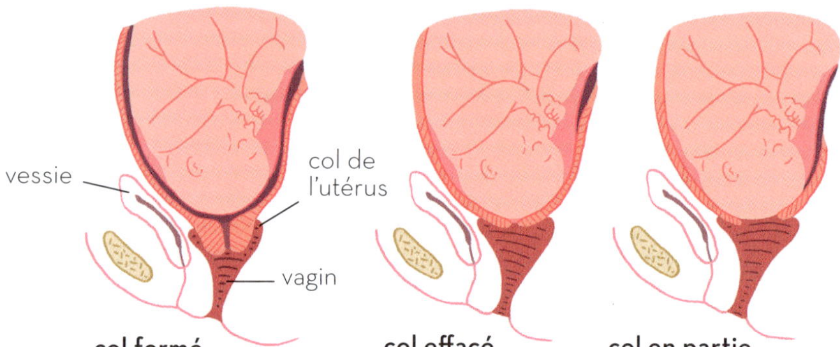

col fermé **col effacé** **col en partie dilaté**

Lorsque le col s'est effacé, c'est-à-dire lorsqu'il a perdu sa longueur, il va se dilater. Pour une maman qui a déjà eu des enfants, dite « multipare », la dilatation du col peut commencer en même temps que son effacement.

– Dans **la phase active**, le col s'est déjà dilaté, entre 3 et 5 cm. Pour rappel, il est complètement dilaté quand il atteint les 10 cm.

Cette phase s'étendra jusqu'à la dernière ligne droite, qui permettra au col de se dilater complètement. Il est important de savoir que, durant cette période, les femmes expriment souvent un sentiment de désespoir. C'est en fait un très bon signe, car bien souvent, elle traduit le lâcher-prise du mental pour laisser le corps faire son travail. La maman aura particulièrement besoin de soutien à ce moment-là.

– **La phase de transition** est généralement courte, mais peut être un peu plus intense. La dilatation est bientôt complète, le bébé est bien descendu dans le bassin. Vous éprouvez des sensations nouvelles parce que vous sentez que le bébé arrive. Rappelez-vous que le voyage touche à sa fin. Et surtout que la deuxième étape de la naissance sera accompagnée de sensations tout à fait différentes.

LA POUSSÉE

Ça pousse tout seul ! L'utérus finit son travail en « expulsant » le bébé hors de la filière génitale. Les contractions sont aussi différentes dans cette étape. Elles sont généralement plus espacées et s'accompagnent d'une envie de pousser. Se laisser guider par la poussée apporte un soulagement lors des contractions.

Le bébé descend comme dans un toboggan le long du sacrum et du coccyx, et appuie de ce fait sur l'ampoule rectale et l'anus. Cela s'apparente donc à l'envie d'aller à la selle. Certes, de façon un peu plus forte ! Le fait de ne pas avoir de péridurale sera une aubaine pour vous, car vous pourrez vous soulager en accompagnant cette envie de pousser : « Ça fait du bien, ça soulage ! »

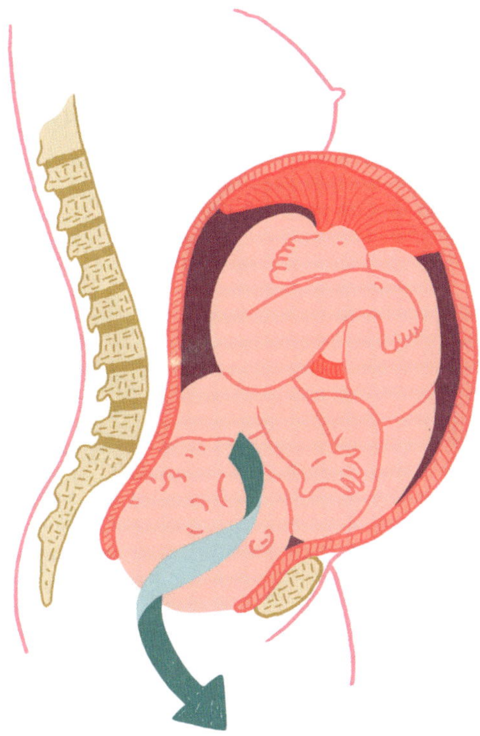

Je souligne le fait que, dans le cadre d'un accouchement physiologique, vous n'avez pas besoin de pousser pour que bébé naisse. C'est l'utérus qui fait tout le travail. Ce que vous pouvez faire, c'est juste accompagner cette sensation qui, comme je vous l'ai précisé, vous soulagera. Vous pourrez aussi aider lors du dégagement de la tête de bébé grâce à votre posture et à votre périnée. Par exemple, si vous vous cambrez, vous ralentirez le processus ; si votre périnée est contracté, il laissera moins de place au bébé pour naître. Se joue alors un compromis entre votre utérus et vos sensations, afin que vous puissiez atténuer la force de l'expulsion ou, au contraire, aller dans son sens.

LA DÉLIVRANCE (EXPULSION DU PLACENTA)

Oui, l'accouchement est terminé une fois que votre placenta est sorti. C'est une étape importante. On l'appelle la « délivrance », mais elle se passe souvent assez discrètement, car la maman est absorbée par son bébé, elle le découvre, elle s'imprègne de sa présence. L'utérus, lui, pendant ce temps, se contracte encore un peu pour chasser le placenta de son antre.

délivrance

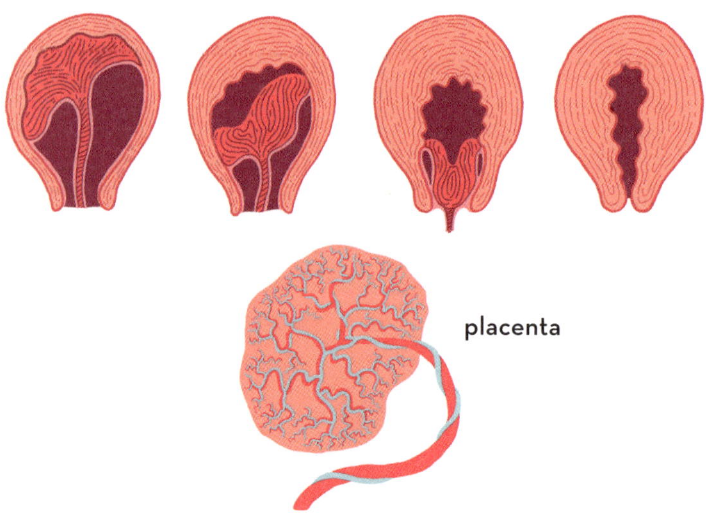

La nature procède ainsi, car effectivement, il n'a plus lieu de rester dans le corps. Ceci dit, le placenta continue les échanges sanguins *via* le cordon ombilical 1 à 2 minutes après la naissance du bébé, parfois beaucoup plus. Il sera très intéressant d'attendre qu'il ait cessé de battre pour le couper. D'autres pratiques consistent à laisser le placenta relié au bébé jusqu'à ce que le cordon sèche complètement et tombe de lui-même, au niveau du nombril du bébé. Cela s'appelle la « naissance en lotus ».

Qu'est-ce qu'une contraction ?

Une contraction est le résultat de l'activité de l'utérus qui permet au bébé de naître, en dilatant le col et en faisant progresser le bébé dans le bassin et la filière génitale. Une contraction utérine démarre au sommet de l'utérus. Une impulsion électrique permet aux cellules musculaires de se contracter, comme une onde qui partirait du haut de l'utérus vers le bas.

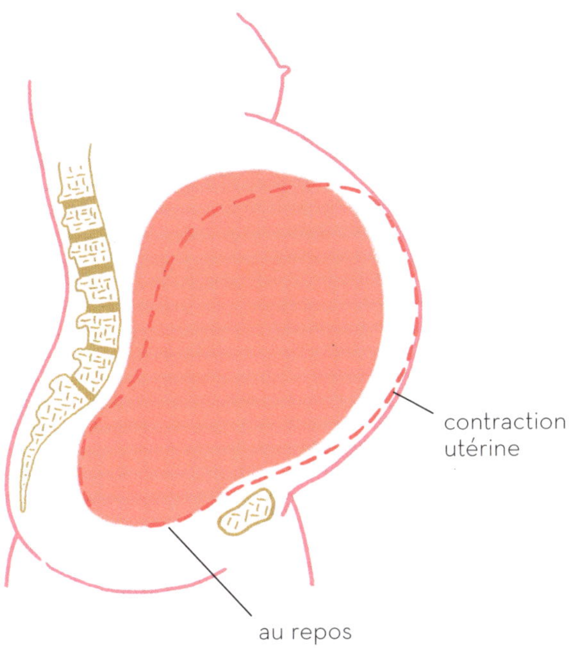

C'est essentiel, à mon sens, de comprendre à quoi elles servent, pourquoi et comment elles fonctionnent. Une fois que vous avez ces informations, il me semble que c'est plus acceptable de les vivre.

Il existe plusieurs étapes lors d'un accouchement. Vous n'aurez donc pas le même rythme et la même intensité de contractions tout au long du travail, comme nous l'avons vu précédemment pour les différentes phases du travail.

Extrait d'un monitoring

- **Le premier tracé** enregistre le rythme cardiaque fœtal (RCF), se situant entre 120 et 160 bpm (battements par minute).
- **Le second tracé** enregistre l'intensité et la fréquence des contractions, par l'intermédiaire d'un capteur qui est posé sur le ventre, en haut de l'utérus.

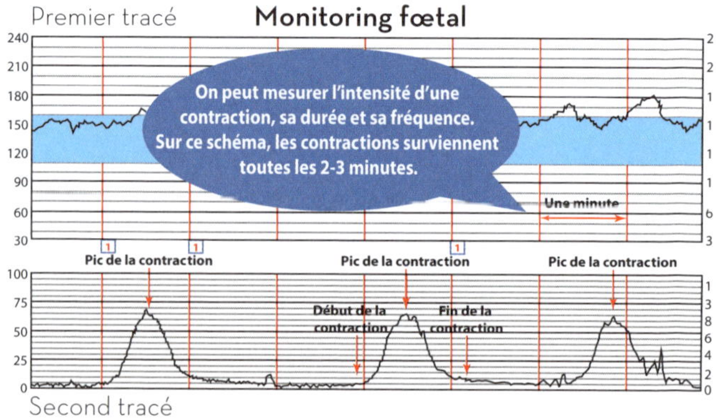

EN RÉSUMÉ

Une contraction efficace dure 1 minute. Elles sont généralement espacées de 2 à 3 minutes. Comme vous pouvez le voir sur l'image de l'extrait d'un monitoring, elles ressemblent à des vagues : on part du tonus de base de l'utérus, puis celui-ci se contracte de plus en plus fort pour atteindre un sommet. Très vite, la contraction commence à perdre de son intensité pour revenir au tonus de base, c'est-à-dire au relâchement de l'utérus.

Ainsi, vous pouvez vous rendre compte que le moment le plus intense de la contraction ne dure en fait pas plus de 20 secondes. Vous pouvez aussi visualiser les temps de repos plus facilement.

Vos questions

Quelles sont les sensations que l'on peut ressentir pendant une contraction ?

- « *J'ai ressenti au début du travail comme des douleurs de règles.* »

- « *J'ai eu tout de suite des tensions en bas du dos.* »

- « *Je sentais des douleurs en bas du ventre.* »

Les sensations peuvent être différentes d'une femme à une autre. Mais de façon générale, les femmes décrivent des sensations localisées dans le bas du ventre et/ou du dos. Tout l'utérus se contracte, comme si l'on serrait un corset autour de l'abdomen.

La perception et le vécu influencent l'interprétation du message nerveux « douloureux » de la contraction. Il est préférable de ne pas anticiper une sensation en particulier pour ne pas se conditionner à avoir mal à un endroit donné.

Comment savoir que ce sont bien des contractions de travail et non un faux travail ?

Tout d'abord, vous pouvez observer la **fréquence** des contractions : elles doivent être régulières. Ensuite, la **durée** de la contraction doit être assez longue pour être efficace, soit 1 minute. Les contractions doivent être suffisamment **rapprochées**, toutes les 2 à 3 minutes.

En général, les **sensations** des contractions sont assez fortes. Elles demandent alors une certaine concentration ou, du moins, elles accapareront toute votre attention. Donc, si vous arrivez à faire autre chose pendant une contraction, c'est que, probablement, elles ne sont pas encore à leur intensité maximale !

4

LA « DOULEUR »

La douleur est très subjective. Je préfère donc employer le terme « sensation nouvelle » ou « sensation intense ». Il est important de comprendre que notre cerveau se nourrit de nos pensées et se conditionne grâce à elles. Il n'existe pas de prison plus solide que celle que notre mental édifie.

L'importance des mots

Si, lorsque j'évoque l'accouchement ou les contractions, j'utilise des phrases comme « ça va me faire très mal, je ne sais pas si je vais y arriver », « j'ai peur des contractions, je suis plutôt douillette »... mon cerveau va enregistrer ces informations et, petit à petit, établir des liens entre contractions ET douleur, accouchement ET peur. Ainsi, le jour J, le cerveau vous rappellera gentiment que « ça va faire mal ! » Rien de tel pour se crisper et vivre avec difficulté son accouchement ! Il sera donc important de faire attention aux pensées, aux mots que vous emploierez.

Que signifie la « douleur » ?

Je commencerai par citer Zuki Abbott : « La douleur est le résultat d'un réflexe de défense contre une peur d'un certain type, dans le cours d'un processus de protection mentale. La douleur commence avec la peur, qu'elle soit psychologique ou infraliminale. Ensuite, depuis le cerveau, un réflexe est déclenché au niveau du système nerveux, qui induit la contraction de la zone du corps sur laquelle l'esprit est concentré. Cette zone se trouve ainsi privée d'un apport suffisant en oxygène jusqu'à épuiser ses propres réserves de gaz vital. Ce qui se produit par la suite est que cette partie du corps, mettons l'utérus, lutte pour s'oxygéner et doit fournir des efforts extrêmes pour rassembler tout ce dont elle a besoin afin d'effectuer son travail. Ainsi, elle s'épuise et finit par devenir douloureuse. » (*This Sacred Life, Transforming Our World Through Birth*, 2007.)

La première intention de la douleur est de donner un signal. La douleur est importante, car elle nous guide, voire nous permet de survivre : si je ne sens pas la brûlure sous ma main, je ne penserai pas à la retirer de la plaque de cuisson encore brûlante.

Pendant l'accouchement, ce signal permettra de comprendre que le processus de la naissance a commencé. Je comprends que je vais être maman dans quelques heures, que mon corps se « met en route » pour ce voyage de la vie.

Ensuite, la douleur permet de trouver une position parfaite pour la maman et le bébé : ce dernier doit se placer dans le bassin, descendre, effectuer une rotation (un peu comme un pas de vis), placer sa tête en la fléchissant vers sa poitrine. Tout cela, il pcut le faire aussi grâce à vous, car la douleur que vous ressentirez à tel endroit sera une zone à libérer, une tension à soulager. Finalement, quand vous vous pencherez et que votre jambe gauche fléchira légèrement, vous permettrez au bébé d'emprunter la voie qui lui sera nécessaire pour naître. C'est incroyable, mais la position est antalgique, en partie parce que vous aidez votre bébé à naître en lui ouvrant votre bassin osseux et musculaire. Tout se fait instinctivement et en étant à l'écoute de ces sensations, nouvelles et intenses, de la naissance.

EN RÉSUMÉ
La « douleur » permet d'accompagner votre corps et d'adopter une posture, des gestes et une respiration pour diminuer les tensions et le protéger.

Pourquoi la douleur diffère d'une femme à une autre et d'un accouchement à un autre ?

La douleur est subjective, elle n'est donc pas vécue de la même façon ni même appréhendée de la même façon. De plus, comme je l'expliquais plus haut, c'est un signal qui va vous guider pour adopter des positions qui aideront votre bébé à descendre dans le bassin.

Chaque maman a un bassin unique dans ses dimensions, et chaque bébé a sa propre carrure, son propre poids, ses propres mensurations. La position du bébé dans le bassin peut être différente. Il peut, par exemple, avoir son dos soit vers l'arrière, près de votre colonne vertébrale, soit vers l'avant, proche de votre nombril. Il peut aussi se présenter par le siège. Comme vous pouvez le constater avec ces quelques exemples, il y aura donc des sensations différentes suivant plusieurs paramètres possibles.

Mais il y a aussi toute votre histoire de femme, votre histoire de vie, la relation à votre corps. Votre vécu va vous donner une perception particulière de la naissance.

> « TOUS LES RESSENTIS DES MÈRES, LES APPRÉHENSIONS, LES JOIES ET LES DOUTES CONCERNANT LEUR CORPS, LEUR GROSSESSE ET LEUR PARENTALITÉ JOUENT EN PARTIE DANS LEUR EXPÉRIENCE D'ACCOUCHEMENT. »
>
> Carl Jones, 1987

Pourtant, il n'y a rien de figé, car il est tout à fait possible de vivre sereinement votre accouchement même si votre passé a été compliqué, même si vous avez été conditionnée pour penser que le moment de la naissance est juste un « moment horrible à passer ». Car nous avons la possibilité de donner une information nouvelle à notre cerveau, de le reprogrammer en quelque sorte.

Anna Gallotti, auteure, coach et intervenante à l'UTC de Compiègne et à Sciences-Po Paris, explique : « Nos connexions neuronales sont comme des routes dans notre cerveau. Celles qui correspondent à nos routines sont des sortes d'autoroutes ouvertes et bien entretenues, où les connexions se font très aisément sous la force des habitudes. » Elle ajoute : « Nous savons maintenant que la plasticité neuronale, c'est-à-dire la capacité de notre cerveau à apprendre de nouvelles choses, à nous poser des questions et tout simplement de sortir de la routine, est active jusqu'au dernier jour de notre vie. » (*Faire les bons choix*, Éditions Eyrolles, 2015.)

Ainsi, il est possible de sortir de nos schémas de pensée, de nos conditionnements, si nous le souhaitons. Plus nous le mettrons en pratique, plus il nous sera facile de le faire.

Dès lors, pendant ces 9 mois de grossesse, prenez de nouvelles habitudes et surtout des bonnes ! Dans vos paroles, vos pensées, votre alimentation, le rapport à votre corps, vos relations sociales… permettez à votre cerveau d'enregistrer de nouvelles routes neuronales agréables et joyeuses. Et pour une fois, il n'y a pas de limitation de vitesse, faites-vous plaisir !

Comment vivre la douleur ?

Il sera d'abord nécessaire de faire un travail en amont, pour être en harmonie avec votre corps, essayer de l'écouter. Vous verrez que, pendant votre grossesse déjà, vous percevrez des contractions qui ne seront pas des contractions de travail. Ces contractions, dites « de Braxton-Hicks », ne sont pas de la même intensité et ne sont pas efficaces pour permettre au bébé de naître, mais vous pourrez ressentir « comment ça se passe », à ce moment-là, dans votre corps. Il sera intéressant de percevoir comment vous réagissez face à ces sensations. Vous pourrez ainsi vous autoriser à les vivre sereinement, en acceptant que votre corps vous fasse découvrir votre utérus et son activité.

En fin de grossesse aussi, il est probable que vous ayez des épisodes de contractions. Elles permettent d'apprivoiser ces sensations et de vous préparer. Certaines femmes en profitent pour utiliser les techniques qu'elles ont apprises lors des séances de préparation avec leur sage-femme. Pour ma part, je me souviens avoir pris beaucoup de plaisir à « jouer » avec mes contractions en dansant. C'était un moment agréable pour moi, car je me laissais emporter par les hormones, le rythme des contractions.

Je souriais en dansant, car je m'imaginais bientôt en travail, prête à accueillir mon bébé. Pour la petite anecdote, c'était toujours sur la même musique *Now We Are Free*, de Hans Zimmer et Lisa Gerrard, du film *Gladiateur.* Il y a des musiques, comme celle-là pour moi, qui vous transportent. Encore aujourd'hui, quand je l'écoute, je l'associe à ces moments magiques où je sentais la vie en moi. Vous pouvez, dès à présent, faire une playlist des musiques qui vous transportent, qui vous font vibrer, pour les écouter durant la grossesse et le jour J.

Exercice de relaxation et de visualisation pour la grossesse et l'accouchement

Fermez les yeux. Lors de l'inspiration, imaginez l'air entrer dans vos narines et aller directement là où vous sentez des tiraillements, là où vous sentez une sensation de chaleur. Mettez consciemment de l'oxygène dans ces endroits comme pour aider vos cellules à les détendre. Lorsque vous expirez, faites-le un peu plus longtemps que lors d'une respiration normale. Sentez que l'air expiré part du ventre jusqu'aux narines.

Petit à petit, vous percevrez certainement que vous vous sentez mieux, malgré une posture qui peut être désagréable au début ou, du moins, inconfortable. Cet exercice, vous pouvez le répéter dans votre quotidien, pour vous approprier ses bienfaits.

Quelles sont les différentes préparations à la naissance ?

Voici les outils les plus utilisés et les plus connus pour se préparer et vivre la naissance que vous souhaitez.

L'HYPNOSE

Cette technique permet à la maman d'appréhender différemment l'accouchement. L'objectif est de ne pas s'enfermer dans la spirale de la peur et des tensions qu'elle engendre. En effet, plus les tensions sont présentes et plus la douleur est ressentie intensément. Allongée ou confortablement installée, vous vous laissez guider par une voix, avec une douce musique de fond. Il est possible aussi de pratiquer **l'auto-hypnose** par des exercices très simples. De nombreux supports peuvent vous inspirer : livres audio, vidéos sur Internet. Et bien sûr, vous pouvez trouver un cabinet proche de chez vous pour être guidée par **un hypnothérapeute**.

LA SOPHROLOGIE

Cette science de l'harmonie de la conscience permet à la maman, par des exercices de respiration et de visualisation, de mieux gérer les contractions, de mieux appréhender la douleur. Vous pouvez y aller seule ou en couple. Même si la séance est destinée à la maman, le papa peut en profiter aussi. (Ne vous inquiétez pas, cher papa, si vous vous endormez pendant la séance. Ça arrive souvent ! Mais la situation est toujours drôle et vous pourrez tout de même passer un doux moment avec votre moitié.)

Pour une séance de sophrologie, vous serez allongée, confortablement. En général, la maman s'allonge sur le côté avec un coussin entre les jambes et sous la tête, de façon à être détendue et les yeux fermés. La sage-femme ou le thérapeute vous guidera avec sa voix tout au long de la séance. Certains praticiens proposent même des séances par Skype pour les mamans qui sont très éloignées ou qui sont obligées de rester allonger chez elles, en raison d'une menace d'accouchement prématuré par exemple.

Vous trouverez dans ce livre quelques exercices de relaxation et de visualisation qui vous permettront d'avoir une première expérience avec la sophrologie (voir p. 64).

L'ACUPUNCTURE

Elle est pratiquée durant la grossesse et peut l'être aussi durant l'accouchement si un des professionnels de santé qui vous accompagne en a la compétence. Les objectifs sont très variés : permettre le déclenchement de l'accouchement en cas de dépassement de terme, faciliter la dilatation du col, tourner un bébé en siège, aider la circulation sanguine et lymphatique, libérer des tensions, libérer un placenta qui tarde à s'évacuer de la cavité utérine, rééquilibrer les énergies…

Si vous bénéficiez d'une séance pendant la grossesse, vous serez allongée, généralement sur le dos, en position semi-assise. Le praticien appliquera des aiguilles très fines aux endroits qu'il aura préalablement sélectionnés.

L'HAPTONOMIE

Dès le début de la grossesse, pendant la naissance et même après avec bébé, l'haptonomie vous permettra de communiquer avec votre bébé, de le rassurer, de l'accompagner. Un sentiment de sécurité émergera des séances pour « faire le voyage ensemble ».

Les séances d'haptonomie sont en général très appréciées par le couple. Elles permettent aux deux parents de vivre la séance avec bébé, en famille.

Exercices pour entrer en contact avec bébé

Prenez le temps de bien vous installer : allongée ou semi-assise, les jambes légèrement surélevées avec un coussin sous les genoux. Détendez-vous le plus possible, en prenant quelques minutes pour bien respirer, profondément, sans forcer, jusqu'en bas du ventre. Le papa s'assoit face à vous.

POUR LE PAPA

Posez vos deux mains sur son ventre, directement sur la peau, sans appuyer. Vous entrez en contact physique avec votre compagne et le bébé. Sentez « l'autorisation » de chacun d'eux à entrer en contact avec vous : grâce à la respiration calme de votre partenaire, au ventre souple sous vos mains. Vous pouvez demander l'autorisation à votre bébé à voix haute ou en formulant la question intérieurement. Soyez attentif à chacun d'eux et essayez de transmettre par votre présence tout l'amour que vous avez pour eux.

Ressentez, dans un premier temps, ce qu'il se passe sous vos mains : est-ce calme ? Est-ce que bébé bouge beaucoup ? Sentez les mouvements du ventre de votre compagne dus à sa respiration. Puis, dans un second temps, essayez de percevoir une différence entre le ressenti de votre main gauche et celui de votre main droite : avez-vous la sensation que l'une de vos mains est « pleine » ? Prenez le temps d'observer, de ressentir. N'attendez pas de résultat. Soyez là pour eux.

Ensuite, si vous avez senti une main pleine, appliquez la paume de votre autre main sur le ventre pour exercer une légère pression sur bébé. Puis relâchez rapidement. Essayez de percevoir ce qu'il se passe dans la minute qui suit. Vous venez d'appeler votre bébé par ce geste, pour lui proposer d'aller vers votre main. Soyez dans l'accueil avec cette main, pour qu'il puisse venir s'y lover. Vous percevrez alors un déplacement du bébé vers la main. Laissez-le profiter de ce moment de câlin, puis recommencez avec l'autre main qui a perdu cette sensation d'être « pleine » puisque le bébé s'est déplacé à l'opposé.

POUR LA MAMAN

Profitez de ce moment pour vous détendre et prendre conscience de ce moment privilégié, cette pause dans votre journée, où vous vous retrouvez tous les trois. Essayez de sentir les réactions de bébé et ses déplacements. Parfois, il est plus facile de sentir en posant les mains sur le ventre. Vous pouvez poser vos mains sur votre ventre et votre partenaire posera les siennes sur les vôtres. Il vous guidera et recommencera son invitation pour que bébé vienne vers vous.

LE YOGA PRÉNATAL

Le yoga est une discipline riche est complète. Elle permet au corps et à l'esprit de s'équilibrer, d'être en harmonie. Se préparer mentalement et physiquement est un bel atout pour la naissance. Vous pourrez effectuer des exercices simples, tous les jours, pour vous soulager et entretenir votre corps. Le yoga étant de plus en plus répandu, vous trouverez sans doute des séances destinées aux mamans proches de chez vous. Si ce n'est pas le cas, il existe de nombreux tutoriels sur Internet d'exercices de yoga prénatal.

LE CHANT

Que vous utilisiez le chant pendant la grossesse ou l'accouchement, vous serez capable de libérer des tensions à travers vos cordes vocales, de canaliser votre énergie. Instinctivement, nous libérons des sons pendant l'accouchement. Pour pouvoir utiliser ces sons et ne pas les laisser sous forme de cris, le chant est une excellente méthode. Je recommande vivement aux mamans de l'expérimenter. Je trouve ce moyen d'accompagner la force de la naissance très salvateur.

LA MÉTHODE BONAPACE

C'est une méthode mise au point par une Québécoise Julie Bonapace qui regroupe des techniques comme l'acupression, les postures, les massages, l'imagerie mentale… La présence du père est indispensable pour cette méthode, c'est un vrai travail d'équipe.

L'EUTONIE

Elle permet à la femme de retrouver un tonus plus adapté grâce à des postures, des mouvements, au réveil des sensations. C'est une méthode qui mérite d'être largement connue et que vous pourrez retrouver notamment pour la rééducation du périnée.

LA PRÉPARATION AQUATIQUE

Cette méthode est en général très appréciée, ne serait-ce que par les bienfaits de l'eau. Elle vous permettra aussi de travailler sur votre souffle, votre posture et apportera un état de relaxation. Les séances sont généralement faites en groupe.

Si vous souhaitez quelque chose de plus intime, seule ou avec votre compagnon, vous pouvez aussi trouver un praticien en watsu. Vous serez portée et guidée dans l'eau, mais aussi massée. Un moment d'abandon et de détente absolue pour celles qui aiment être dans l'eau !

Comment permettre au papa d'accompagner la naissance ?

Là aussi, le fait de ne pas avoir de péridurale permet au papa d'être plus acteur de la naissance, mais je ne veux pas dire par là que l'accouchement avec péridurale ne le permet pas. C'est simplement différent. Il y aurait tant de choses à dire pour vivre au mieux l'accouchement avec péridurale, mais ce n'est pas le sujet de ce livre !

Lorsque le choix de vivre l'accouchement sans médicalisation est fait, souvent au cours de la grossesse, on peut alors se préparer à vivre cette aventure. Le papa pourra avoir plusieurs possibilités pour accompagner la future maman : lui faire des massages, la soulager dans ses postures, émettre des sons ou jouer d'un instrument, lui proposer des positions ou des moments de détente tels qu'un bain ou une douche. Proposer de la musique, préparer des petits plats, des boissons fraîches, créer une atmosphère apaisante et en harmonie avec ses besoins…

Le temps de la grossesse permet donc d'en discuter, d'apprendre à encore mieux se connaître. Les séances de préparation à la naissance permettront alors de créer une bulle, une triade, dans laquelle chacun pourra prendre et occuper sa place sereinement et dans le partage.

C'est pour cela aussi que la présence du papa me semble privilégiée durant la préparation à la naissance avec la sage-femme, car c'est l'occasion, comme je le disais plus haut, de tisser ce lien de confiance avec elle et de mieux appréhender les besoins des uns et des autres.

Lors de l'accouchement, la maman peut vite se sentir submergée par les émotions, ce qui est normal. Parfois, on reste un peu en effet tétanisée devant cette avalanche d'informations, devant toutes ces nouvelles données que l'on n'a pas du tout l'habitude de « traiter ». Alors effectivement, si cela a été préparé en amont, l'esprit sera plus apaisé et ce qui a été proposé pendant les séances sera appliqué plus aisément. Il est plus simple de réagir à une situation lorsque l'on a déjà pris le temps, au calme, sans être dans l'euphorie ou le stress, de réfléchir aux différents scénarios. Du moins, d'avoir pensé aux différentes manières de s'adapter aux situations possibles ou probables comme la phase de désespoir, une césarienne, un travail très long ou très rapide, un accouchement inopiné à son domicile ou dans la voiture…

Se découvrir sous un nouveau jour

Il est indéniable que notre vécu, la façon dont on perçoit les choses, a un impact sur nous et sur la confiance que l'on peut se porter. Si je suis fière de moi, si je sais que je suis allée au bout de mes intentions (indépendamment du résultat), je me valorise, je renforce ma propre estime. Je me sens forte et je peux avancer dans la vie avec encore plus de détermination quant à la réalisation de mes rêves. Je peux y croire, car je sais que je suis capable d'avancer.

Cette sensation n'a pas de prix. Elle nous saisit, au plus profond de notre être. Et lorsque la vie devient un peu chaotique, lorsqu'elle nous bouscule, on peut se rappeler alors toutes ces choses qui nous ont rendues plus fortes. La naissance est sans nul doute un de ces moments où l'on se dit : « Waouh ! J'ai assuré ! » Je crois que ça l'est d'autant plus si nous avons été pleinement conscientes et actrices de ce moment.

Changer de cap

Nous sommes souvent obligés, dans notre quotidien, de modifier le scénario que nous avions imaginé pour la journée. Il y a donc une confrontation entre ce que nous souhaitons et ce qu'il se passe réellement. Le secret, à mon sens, est de pouvoir s'adapter.

L'adaptation est la clé pour vivre une naissance merveilleuse. Sans nul doute parce que nous vivons toujours mieux une situation choisie qu'une situation vécue comme imposée. Personne ne souhaite vivre à contre-courant de ses désirs, de ses envies, et dans ces situations, nous sommes face à trois solutions. La première : nous combattons ce qui nous est intolérable ou, du moins, contraire au projet initial. La deuxième : nous acceptons les changements et nous « surfons » dessus, nous utilisons tout notre potentiel, notre force, pour accompagner ce qu'il se passe. La troisième : nous sommes tétanisés et nous nous enfermons dans la situation. Sans pouvoir vraiment réagir, puisque nous préférons fuir ou nous cacher de la réalité. À ce moment-là, nous nous laissons porter par les autres, les laissant nous diriger pour ne pas avoir à prendre de responsabilités.

> **EN RÉSUMÉ**
> Nous pouvons donc soit lutter, soit accompagner, soit fuir une situation que nous ne souhaitons pas.

Il existe de nombreuses situations pour imager mes propos. J'aimerais donc faire un parallèle avec la maternité.

DE LA THÉORIE À LA RÉALITÉ

Je me souviens d'une maman enceinte de son deuxième enfant. Elle était dans son 9e mois. Elle est arrivée complètement paniquée dans mon cabinet, en consultation : « Je veux que l'on me fasse une césarienne. Je ne veux pas… je ne peux pas accoucher. » Je l'ai laissée s'exprimer et les larmes ont commencé à couler. C'était si intense que je sentais qu'il ne fallait pas que j'intervienne. Il fallait qu'elle puisse librement exprimer ce qu'elle ressentait. Il n'y avait aucune indication médicale à une césarienne, mais des peurs liées à son premier accouchement sont remontées à la surface. Et sa réaction a été de trouver une solution radicale pour les supprimer. Nous étions donc dans un schéma de fuite, sans nul doute. J'aurais pu, en tant que sage-femme, être très « paternaliste » et lui dire : « Rassurez-vous, tout va bien se passer. Vous allez y arriver. » Mais mon rôle, en réalité, était d'accompagner ce qu'elle vivait. Je sentais qu'elle avait besoin d'être entendue, mais au-delà, d'être respectée dans ses choix.

Alors j'ai appelé le gynécologue de garde de l'hôpital où elle souhaitait accoucher. Devant la maman et avec son accord, je lui ai expliqué que la patiente souhaitait une césarienne. Nous étions tous conscients que la césarienne n'était pas indiquée médicalement parlant. Mais il était primordial de faire sentir à cette maman que nous étions avec elle, que nous souhaitions l'accompagner dans ses choix. Je savais aussi que quelque chose d'autre se jouait à ce moment-là. Je sentais que la situation pouvait évoluer différemment si la maman sentait qu'elle avait notre soutien. C'est d'ailleurs ce qu'il s'est passé. Après l'appel téléphonique, les larmes se sont arrêtées de couler. Et, 2 jours plus tard, elle m'a appelée pour me dire qu'elle était prête pour accoucher naturellement. Elle m'a remerciée de l'avoir prise en considération. Je pense effectivement que cet espace d'écoute, de partage, a pu la libérer de certaines peurs. Elle a accouché une semaine plus tard et tout s'est bien passé.

Cet exemple nous permet de comprendre ceci : notre cerveau cherche à nous protéger. Il trouve des solutions rapides pour diminuer le stress, et donc une situation toxique pour l'organisme. Ici, la solution était la fuite. Mais la maman a réussi à lâcher ses défenses pour réévaluer la situation et la vivre différemment. Nous sommes donc capables de nous adapter rapidement pour élaborer un scénario de « rechange ».

RÉSILIENCE ET NAISSANCE

Pour illustrer une situation où l'on peut accompagner ce qu'il se passe, voici un autre exemple. Une maman est arrivée en urgence. Elle était sur le point d'accoucher, mais souhaitait une péridurale. Le temps qu'il restait avant la naissance ne nous permettait pas de la poser. La naissance était vraiment imminente. La maman, d'abord affolée, a pris une grande respiration. Elle a fermé les yeux quelques secondes et a posé les mains sur son ventre. Elle a dit à haute voix, en parlant à son bébé : « Ok, mon cœur, maman va t'accompagner. On va travailler ensemble. On n'a pas besoin de la péridurale. » Je l'ai regardée faire avec beaucoup de douceur, car je sais à quel point il faut faire preuve de résilience pour accepter de vivre une naissance sans péridurale quand on s'est conditionnée des mois à l'avance pour en avoir une. La situation était émouvante et intense.

ACCOMPAGNER LA NAISSANCE

Vous l'avez certainement compris, pour vivre pleinement la naissance, il faut l'accompagner dans tous les scénarios possibles. Grâce à cela, vous aurez de l'énergie (dans la lutte ou la fuite, on brûle ses ressources et on sécrète les hormones du stress : adrénaline, cortisone), de la joie (très probablement), un apaisement (on se sent en accord avec ce qu'il se passe).

Exercice pour tester votre résilience

Au quotidien, vous pouvez expérimenter votre résilience. Cela vous permettra de gagner en souplesse, de casser la routine, de créer des possibles et de vous permettre de découvrir ou de rencontrer de nouvelles personnes.

Dans votre journée, obligez-vous à changer quelques routines : par exemple, levez-vous plus tôt, allez à pied chercher le pain au lieu de prendre la voiture, engagez la conversation avec votre voisine dans les transports en commun, changez votre tenue habituelle et optez pour de la couleur ou une robe, acceptez une invitation, osez dire un vrai oui ou un vrai non.

À la fin de la journée, notez comment vous vous sentez et quelles sont les expériences que vous avez vécues en changeant des petites choses dans votre quotidien.

Affirmations positives

Si vous ne connaissez pas encore le pouvoir de la gratitude, des pensées positives, alors c'est le moment de découvrir ce nouveau monde : le monde des « possibles », de l'énergie de la vie, de la puissance du cœur. Dans de nombreuses cultures, les femmes enceintes savent qu'elles doivent entretenir de belles pensées pendant la grossesse. L'impact de nos pensées est connu et reconnu depuis des millénaires. Mais pour la grande majorité d'entre nous, nous avons perdu quelque part, au fil des générations, cette sagesse. Nous sommes capables de nous conditionner, de nous programmer, d'« engrammer » [1] dans nos cellules des informations dont nous sommes la source.

Imaginez le potentiel qui s'offre à nous : si nous comprenions pleinement le pouvoir de nos pensées, nous ne pourrions plus nous exprimer de la même façon. Nous voudrions en permanence nous envoyer des fleurs, faire des compliments aux personnes qui nous entourent, voir ce qui est beau, ce qui est lumineux.

Car toute pensée en engendre d'autres qui vont créer un réseau dans notre cerveau, dans notre corps, empreint de leur aspect négatif ou positif. Si j'ai l'habitude de râler, de critiquer, je vais me noyer dans des pensées négatives. Ma vie va devenir terne et je vais me fragiliser dans tous les sens du terme, à tous les niveaux.

Par contre, si je décide de m'offrir des pensées positives, quitte à me forcer un peu au début, je vais créer une autre dynamique qui va me rendre joyeuse, heureuse. La vie circulera mieux en moi, j'attirerai aussi des personnes qui verront et sentiront cette nouvelle et belle énergie.

1. « Les cellules ou les groupes de cellules nerveuses ont la capacité de se remettre sous des influences diverses dans l'état où un excitant extérieur les avait mises, qu'on appelle cette possibilité trace cérébrale ou engramme. » Sartre, *L'Imagination*, 1936, p. 115.

Pendant la grossesse, votre bébé va s'imprégner de ces pensées positives. Et pendant l'accouchement, vous aurez le bénéfice de cette harmonie, de cet état de paix, d'amour. Vous serez plus à même d'accepter, d'être dans la résilience, de vous autoriser à vivre cette aventure incroyable.

Comprendre l'impact des pensées permettra, en reconditionnant votre mental, de favoriser le bien-être, de vous sentir heureuse et de laisser présager une grossesse et un accouchement heureux.

> « UNE IMAGE POSITIVE DE LA NAISSANCE EST LA PIERRE ANGULAIRE D'UNE EXPÉRIENCE HEUREUSE DE L'ACCOUCHEMENT. SI VOUS ÊTES CONVAINCUE QUE VOTRE CORPS EST FAIT POUR DONNER NAISSANCE EFFICACEMENT, NATURELLEMENT ET SANS COMPLICATIONS, QUE LA NAISSANCE EST UN ÉVÉNEMENT JOYEUX, VOUS ÊTES À MI-CHEMIN D'UNE NAISSANCE SÛRE ET NATURELLE. LES CROYANCES ET LES ATTITUDES POSITIVES CONTRIBUENT À UNE EXPÉRIENCE HEUREUSE DE LA NAISSANCE, PERMETTANT À LA MÈRE D'AVOIR UN TRAVAIL PLUS EFFICACE ET D'OUVRIR LE PASSAGE À SON ENFANT AVEC MOINS D'EFFORTS. »
>
> Carl Jones, *Mind over Labor*, 1987

Il faut savoir que nos pensées génèrent des modifications chimiques, hormonales dans notre corps. Si je pense que je suis en danger et que cela provoque de la peur en moi, parce que je me promène seule en pleine rue et que la nuit commence à tomber, cette pensée va générer du stress, sécréter de l'adrénaline, et je pars dans l'engrenage physique et psychologique d'une peur que j'ai fait germer dans mon esprit. Plus je vais me focaliser sur cette peur et plus celle-ci va prendre de l'importance. Effet boule de neige assuré.

De même, si je passe un examen oral et que je me dis avant d'entrer dans la salle d'examen : « Je suis nulle, je ne vais pas y arriver », il y a de fortes chances que mon examinateur le ressente, juste parce que je le pense. Et probablement, ma gorge sera nouée, je serai pâle et fébrile. Mon corps réagit à ma pensée. Tout est lié, parce que je suis un « tout » : mon corps, mon âme, mon mental, mon énergie. Et ce tout-là, va être mis à mal par ma pensée.

Exercice pour positiver

Prenez une feuille de papier et de quoi écrire. Notez 10 affirmations positives, par exemple : « Je m'aime et je suis un être complet, dans toutes ses dimensions, je suis capable de faire et de vivre des choses magnifiques. »

Essayez d'écrire suffisamment gros et égayez ces « mantras » avec des couleurs. Vous pourrez ensuite les afficher pour que votre regard se pose dessus quotidiennement et que vous puissiez vous en imprégner. Cela peut être sur votre réfrigérateur, sur le miroir de la salle de bains, au-dessus de votre table de chevet…

Croyez en vous. C'est en fait la clé pour vivre son potentiel pendant la grossesse. N'oubliez pas à quel point votre pensée est forte. Profitez de cette magnifique opportunité pour suggérer à votre mental de porter attention à tout ce qui est positif. Ainsi, vous n'êtes pas dans le jugement, vous vivez l'instant présent et voyez tout ce qui brille autour de vous. Vous voyez la magie de la vie, vous devinez à quel point nous sommes guidés et aimés.

Peu importe nos convictions religieuses ou spirituelles, nous sommes capables de ressentir qu'au fond de nous bat l'amour. Et sentez qu'au creux de votre ventre, un petit être est animé par cette même force. Fermez les yeux et posez votre attention au plus profond de vous. C'est là, à cet endroit, que nous sommes chez nous.

> « LA PLUS GRANDE DÉCOUVERTE DE NOTRE TEMPS A ÉTÉ DE COMPRENDRE QU'UN HOMME PEUT CHANGER SA VIE EN CHANGEANT SA FAÇON DE PENSER. »
>
> **William James**

Vos questions

Je suis douillette, mais j'aimerais me passer de la péridurale. Je me demande si j'y arriverai…

Cette question m'est souvent posée. Tout d'abord, sachez que le fait d'être « douillette » n'a pas d'impact sur les contractions et ce que vous allez ressentir. Pourquoi ? Simplement parce que les contractions ont du SENS. Si vous vous cognez le petit orteil dans un coin de meuble, par exemple, la douleur sera plus difficile à accepter, car elle sera vide de sens (du moins, elle vous fera peut-être prendre conscience de votre état du moment : distraite, déconcentrée, agacée…).

On ne vit pas les mêmes choses lorsque l'on sait pourquoi on les vit et quel est le but de ces sensations. Pendant les contractions, je sais que mon corps me permet de donner naissance à mon bébé. Je sais que je suis en train de faire un voyage extraordinaire, avec lui, avec mon compagnon, pour se rencontrer. La magie opère alors. Donc, pas d'inquiétude, l'accouchement est une panoplie de sensations nouvelles que l'on est capable d'accepter avec amour.

« ILS NE SAVAIENT PAS QUE C'ÉTAIT IMPOSSIBLE, ALORS ILS L'ONT FAIT. »

Mark Twain

Pour mon premier accouchement, la péridurale n'a pas fonctionné sur la fin et j'ai eu terriblement mal. Est-ce que ce sera différent si je ne la prends pas du tout pour cet accouchement ?
Très probablement, oui. Lorsque l'on choisit la péridurale en début de travail et que le travail est long, il arrive qu'elle ne fasse plus correctement effet. Alors, il peut se passer deux choses. La première est que vous vous étiez conditionnée pour ne pas avoir mal, il vous sera alors difficile d'accepter que ce ne soit plus le cas. La seconde est que vous n'avez pas pu bénéficier du processus d'adaptation pour accepter les sensations de la naissance. Vous vous retrouvez donc brutalement dans une phase intense de contractions et vous pouvez vite perdre pied. Il est possible de gérer les sensations intenses des contractions. Mais se couper de son corps pour ne plus rien ressentir, puis tout à coup être projetée dans le tourbillon des contractions, ce n'est pas souhaitable.

J'aimerais me passer de la péridurale, mais je ne sais pas si je tiendrai le coup si l'accouchement dure trop longtemps…
À nouveau, c'est une crainte que beaucoup de femmes verbalisent. On pense qu'effectivement, on pourra faire face à la tempête, mais peut-être pas pendant des heures. D'ailleurs, j'ai souvent entendu des femmes, pendant le travail des contractions, dire : « Je n'en

peux plus ! Qu'on vienne le chercher ! Je ne vais jamais y arriver » ou alors « Je ne vais pas pouvoir tenir longtemps... »

Alors j'aimerais d'abord vous rassurer en vous disant que les contractions ne sont pas « linéaires ». Il y a des étapes, il existe des moments différents, des états différents tout au long de la naissance. C'est incroyablement bien fait. Vous pouvez retrouver toutes ces étapes plus haut (voir p. 51).

UN MARATHON

Pour vous donner une image afin de vous faire une idée plus précise, prenons l'exemple d'un marathonien. Son objectif est de parvenir à la ligne d'arrivée. Il s'est préparé psychologiquement à atteindre cet objectif. Lorsqu'il commence à courir, il est prudent, il garde le plus possible ses réserves énergétiques pour ne pas entamer de façon excessive son capital dès le départ. Il fait en sorte de ne pas brûler ses chances de réussite. Son parcours se fait en extérieur. Pensez-vous qu'il sera toujours sur un chemin plat et bétonné ? Non, il va être sur du plat à un moment donné, il adoptera alors une allure légère et bien rythmée, puis il devra monter une côte et, ensuite, il sera porté par la descente, le vent dans le dos. Il vivra des moments différents qu'il gérera à chaque fois en s'adaptant à la situation.

C'est la même chose pour un accouchement. Le chemin n'est pas une ligne droite avec la même intensité, la même force. Vous trouverez des moments calmes et d'autres plus remuants. Mais votre corps vous donnera l'opportunité de vous poser, de vous ressourcer à chaque étape.

LE SECRET DES CONTRACTIONS

Un des secrets pour vivre au mieux l'accouchement sans péridurale est de profiter des temps de pause. En réalité, le temps des contractions est moins long que le temps des pauses puisqu'une contraction dure 1 minute et que 2 à 3 minutes séparent chacune d'elles. Le danger est donc de se crisper et d'anticiper la contraction suivante.

Imaginez un élastique : lors d'une contraction, celui-ci se tend. Il s'étire suffisamment pour être tendu, mais pas trop pour ne pas aller au-delà de ses limites. Ensuite, à la fin de la contraction, il retrouve sa forme initiale, souple. Il n'y a donc plus aucune tension. Pourtant, si j'appréhende et que je n'arrive pas à me détendre, je vais garder cet élastique un peu étiré, un peu tendu.

À cela vient se rajouter la prochaine contraction. Si je n'ai pas réussi à me détendre tout à fait entre chacune, le tonus de base est plus élevé et mes sensations vont être plus intenses. Je vais vivre plus difficilement la nouvelle contraction. Et ainsi de suite.

Ce qui est intéressant, c'est que vous pouvez revenir, à tout moment, à un tonus de base qui vous permette de récupérer. C'est une décision mentale, qui fera que votre vécu sera plus acceptable en relâchant vos tensions musculaires.

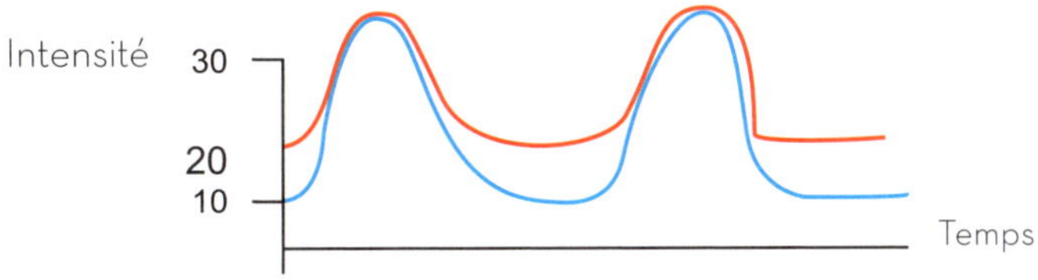

Le schéma ci-dessus représente l'intensité des contractions et votre vécu face à elles :

– **La ligne bleue** indique les contractions, sous forme de vagues, revenant à leur tonus de base. L'utérus est détendu entre les contractions.

– **La ligne rouge** représente ce que vous ressentez dans votre corps, à savoir votre interprétation de la douleur. On peut observer que, même si les contractions sont de la même intensité et espacées de 2 à 3 minutes, il n'existe pas de réelle période de repos entre elles. Le corps ne parvient pas à se détendre.

Alors, profitez des moments de calme, d'apaisement. Recentrez-vous, prenez du recul avec vos sensations intenses pour laisser la place à la détente. Savourez ces instants pour apporter de la douceur à votre corps. Vous bénéficierez d'un second avantage – devrais-je plutôt dire d'un énorme avantage ? –, car si vous arrivez à vous détendre entre les contractions, votre col se dilatera plus vite et plus efficacement.

Lors de la consultation avec l'anesthésiste en fin de grossesse, est-ce que je dois lui dire que je ne souhaite pas la péridurale ?

Lors de la visite pour la consultation anesthésique, qui se situe généralement avant la 37e SA (semaines d'aménorrhée), l'anesthésiste vous demandera si vous souhaitez la péridurale. De mon point de vue, cette question n'est pas nécessaire. Vous ne pouvez pas en effet savoir comment se déroulera l'accouchement, ni si une péridurale s'avérera nécessaire le jour J. Parfois, une péridurale peut être posée pour des raisons médicales (hypertension, stagnation de la dilatation du col avec souffrance fœtale...).

Beaucoup de femmes, qui parlent de leur désir de vivre la naissance sans péridurale, sont découragées par les propos de l'anesthésiste. « De toute façon, vous changerez d'avis, on en reparlera », leur disent-ils, ainsi que me l'ont rapporté certaines de mes patientes.

Donc, je ne suis pas sûre que ce soit important de le préciser. Je crois que la meilleure des solutions reste encore de dire que vous verrez le moment venu.

Je ne veux pas accoucher avec la péridurale, car j'ai trop peur des aiguilles… Mais j'ai peur de ne pas tenir, d'avoir trop mal…
Si votre décision de vivre l'accouchement sans péridurale est motivée uniquement par la crainte des piqûres, cela risque d'être un peu difficile. Je ne pense pas que ce soit une raison suffisamment forte pour vivre la naissance sans analgésie. Car lorsque l'on est motivé uniquement par la peur, on n'utilise pas une « bonne énergie ». Au contraire, on s'enferme même dans un processus qui peut être encore plus angoissant. Mon avis est qu'il faudrait d'abord travailler sur cette peur des aiguilles. Comprendre ce qu'il se passe, ce que vous ressentez par rapport à ça. Une fois que vous comprendrez mieux d'où vient cette peur, que vous aurez éliminé le plus possible vos craintes (notamment en comprenant ce qu'est exactement la péridurale), vous pourrez alors vous poser à nouveau la question : est-ce que mon projet est une naissance physiologique, sans péridurale ? On ne vit pas la douleur des contractions de la même façon si on les accepte ou si on les subit parce que l'on a peur d'opter pour la péridurale.

J'ai accouché tellement rapidement pour mes deux premiers enfants que je sais très bien que je n'aurai pas de péridurale pour mon troisième. Comment puis-je me préparer pour vivre sereinement mon prochain accouchement ?
Les accouchements rapides sont parfois les plus intenses : les contractions sont si efficaces qu'elles permettent au col de se dilater à une vitesse record. Bien souvent, les femmes qui vivent une naissance « express » ont du mal à réaliser qu'elles viennent d'accoucher, qu'elles sont mamans ! Le processus de la naissance a été très – trop – rapide pour assimiler psychologiquement ce qu'il s'est passé. Afin de vivre au mieux cette troisième naissance qui se prépare,

je pense que la sophrologie pourrait être une bonne idée. Cela permettrait de visualiser l'accouchement et chaque étape de la naissance de façon plus douce, plus lente. Ce petit travail en amont permettra au cerveau de prendre conscience de la naissance. Le cerveau ne fait pas de différence entre le réel, le rêve et l'imaginaire. Il accepte volontiers ces visualisations et les assimile. Vous serez plus en accord avec ce qu'il se passe dans votre corps et dans votre esprit.

Si la sophrologie ne vous tente pas, vous pouvez opter pour l'hypnose prénatale. Une troisième solution serait d'écrire en vous projetant le jour J : notez comment vous souhaiteriez que la naissance se passe, les étapes, votre ressenti, ce que vous aimeriez vivre. Le fait de poser sur papier, de prendre le temps de vous imaginer à ce moment-là vous aidera probablement tout aussi bien.

Est-il possible de changer d'avis à tout moment pendant l'accouchement ou arrive-t-il un moment où il est trop tard pour la péridurale ?

Si le travail avance très vite par exemple, il est probable que l'on n'ait pas le temps de poser une péridurale. Dans d'autres cas, cela dépendra de plusieurs facteurs. Il faut évaluer le temps de la pose de la péridurale et le temps que l'on estime avoir devant soi avant que le bébé naisse. Il y a aussi un autre facteur à prendre en considération : la demande de péridurale, à ce moment précis, ne correspond-elle pas plutôt à une phase de « désespoir » qui pourrait être accompagnée différemment ? L'idée est d'accompagner le projet d'accoucher sans péridurale en expliquant à la maman qu'elle vit probablement une phase de « désespoir », que l'on est là pour l'accompagner.

Si la maman n'est toujours pas apaisée, si elle souhaite la péridurale malgré tout, évidemment, elle en bénéficiera. Ce que j'aimerais vous dire ici, c'est que cette demande tardive de péridurale peut aussi traduire le fait que le bébé est sur le point d'arriver, que la maman se sent à bout parce que, justement, la dernière étape de la naissance est en train de prendre place pour une autre dynamique, un nouveau souffle. La transition peut juste être un peu délicate parfois. Pour conclure, je dirais que peu importe la dilatation du col, une péridurale peut être posée si on estime que l'accouchement n'aura pas lieu dans l'heure (approximativement).

Parfois, on peut aussi proposer une rachianesthésie, qui permet d'agir rapidement dans des situations où, justement, la pose d'une péridurale serait trop longue. Son action est plus courte, environ 1 heure, car l'anesthésie se fait en une seule injection (le produit anesthésiant est injecté directement au sein du liquide céphalo-rachidien).

Existe-t-il une préparation plus efficace qu'une autre pour accoucher sans péridurale ?

Il existe de nombreuses méthodes pour se préparer à la naissance. Pour n'en citer que quelques-unes : haptonomie, sophrologie, hypnose prénatale, chant prénatal... Alors, comment choisir ? Comment savoir celle qui va vous permettre de vous préparer au mieux ? Ma réponse va peut-être vous surprendre, mais je vous dirais : aucune ! En fait, ce n'est pas vraiment la méthode en elle-même qui est importante, c'est ce qu'elle va faire émerger en vous. L'objectif principal de la préparation est de vous permettre de gagner confiance en vous, en la vie, de lâcher le mental pour que le corps puisse œuvrer. Alors peu importe vers quelle méthode vous vous dirigerez : sentez intimement si elle vous convient pour vous sentir le plus en accord avec vous-même, plus apaisée, plus en contact avec ce dont vous avez besoin.

Et surtout, n'hésitez pas à en changer en cours de route si vous sentez que ce n'est pas pour vous. Explorez-en d'autres, il y en a au moins sûrement une qui sera parfaite pour vous. En tant que sage-femme, je propose plusieurs préparations à mes patientes afin de les leur faire découvrir et approfondir.

Il n'y a que 8 séances de préparation à la naissance... Est-ce suffisant pour se préparer à un accouchement sans péridurale ?

En réalité, il n'y a pas vraiment 8 séances de préparation à la naissance, comme on pourrait l'imaginer.

La première séance est dédiée à ce que l'on appelle « l'entretien prénatal précoce ». Ce qui signifie que cette séance permet de remplir le dossier, de créer du lien, d'organiser les séances futures et d'agir préventivement en cas de problème pour vous ou le bébé (dans ce cas, on vous accompagnera et on vous aidera à trouver des solutions).

Mais aussi parce que « la préparation à la naissance » porte mal son nom. Il s'agit en effet, durant les 7 séances restantes, d'aborder la grossesse en elle-même : comment vous sentez-vous ? Quels sont vos besoins pour la vivre au mieux ? On peut, par exemple, vous montrer comment adapter vos postures pendant la grossesse, comment « mieux » respirer, parler de la sexualité ou encore aborder le thème du post-partum (allaitement, soins au bébé...).

Donc, il y a 7 séances, c'est-à-dire environ 7 heures sur les 9 mois de grossesse... Un peu juste pour se préparer à vivre un accouchement et utiliser ces séances pour la grossesse, l'accouchement et la période du post-partum.

Ce que je préconise, c'est de profiter aussi des consultations de grossesse avec votre sage-femme pour aborder toutes vos questions. Ces séances-là ne sont pas limitées en nombre tant qu'elles sont utilisées à bon escient. Elles sont plus courtes dans la durée, puisqu'une consultation de grossesse dure environ une vingtaine de minutes, mais cela vous permettra déjà d'avoir le temps d'interagir et d'obtenir des éléments de réponse.

Je pense qu'il faut aller au-delà de ces séances, mais pas forcément avec un professionnel de santé ou un thérapeute. Car vous l'aurez compris, l'idée est de gagner en confiance et de prendre conscience de son potentiel afin de ne pas ancrer l'idée que les réponses sont toujours à l'extérieur de soi, que l'aide ne peut venir que de l'extérieur. Je dirais donc qu'il est intéressant d'être accompagnée, de découvrir des outils et de faire un « travail » sur soi, de méditer, de se coacher !

Est-ce que je vais avoir mal sans péridurale ?

C'est une question à laquelle j'aime beaucoup répondre par des situations vécues. Vous allez comprendre à quel point la notion de douleur est toute relative… Pour situer un peu le contexte, je travaillais à l'époque dans une clinique sur Lyon et j'étais de garde la nuit (des gardes de 12 heures).

UN ACCOUCHEMENT IMMINENT

Je suis en compagnie de l'auxiliaire de puériculture. Il n'y a personne. Tout est calme. On se regarde et on pense la même chose toutes les deux, que c'est un peu trop calme ! Effectivement, quasiment dans les minutes qui ont suivi, on entend la sonnette de la porte de la salle d'accouchement. Les mamans arrivent par là la nuit, quand l'entrée principale est fermée. La sonnette ne retentit pas une fois, mais à plusieurs reprises avec insistance.

Ni une ni deux, j'attrape à la volée un set d'accouchement et je me presse dans les couloirs pour un accouchement imminent. J'ouvre rapidement la porte et je découvre une femme pliée en deux. Elle me fait comprendre qu'elle n'en peut plus, qu'elle va accoucher, que ça pousse. Je me souviens qu'à ce moment précis, je visualisais déjà ce bébé naître devant les portes. Mais intuitivement, je sentais que l'on pouvait gagner la salle d'accouchement qui se trouvait à peine à 10 m. C'est donc ce que nous avons fait. J'essaie de rassurer la maman, qui me semblait paniquée. Le papa était comme sidéré, mais très empathique avec sa femme. Il était temps de voir où en était le bébé. J'enfile mes gants, j'examine le col, pensant être stoppée, bien avant de l'atteindre, par la tête du bébé. Il n'en était rien… J'arrive à atteindre le col. Il est long, dur, encore assez postérieur et j'estime son ouverture à un doigt de dilatation, ce qui signifie que la maman n'est qu'au tout début du travail. Je me suis même demandé s'il ne s'agissait pas d'un « faux travail ». Bon, il fallait maintenant l'annoncer à la maman, qui continuait de se tordre sur la table.

« Ok, je viens d'examiner votre col. J'aimerais d'abord vous rassurer. Tout va bien. Bébé va bien et votre corps se prépare à la naissance. Je vois que vous êtes assez anxieuse… » Elle m'écoute attentivement, sans bouger. « Le col se prépare lui aussi à la naissance, mais il lui reste encore du travail pour s'ouvrir. Pour le moment, nous sommes au début. »

Elle me regarde d'abord surprise et me demande où en est la dilatation. Elle est stupéfaite par ma réponse. Je lui montre le monitoring et lui fais écouter les battements de cœur de son bébé. Je pose ma main sur son ventre et je lui fais sentir, avec ses mains, les contractions qui se dissipent, qui sont de moins en moins intenses et de plus en plus courtes. Elle me dit qu'elle se sent fatiguée, mais aussi rassurée. Je propose au couple d'aller dans une chambre de la maternité pour ne pas refaire tout le trajet de retour (ils habitaient loin et on était en plein milieu de la nuit). Ils acceptent, soulagés. Elle accoucha le lendemain matin, après une bonne nuit de sommeil. L'accouchement se passa avec douceur et en quelques heures.

UNE SENSATION ÉTRANGE

Nous venions de vivre une naissance incroyable dans la baignoire d'une salle d'accouchement. Je suis encore tout imprégnée par la magie de la naissance, quand nous entendons la sonnette des urgences de nuit. Je quitte la toute nouvelle famille qui prend plaisir à se découvrir. Tout va bien. Je suis sereine et je me dirige donc vers la porte pour accueillir un nouveau couple. Ils se présentent à moi. C'est le papa qui me parle. La maman est silencieuse et a l'air un peu contrariée. Soudain, elle me dit : « Il a insisté pour que je vienne ! En plein milieu de la nuit ! » « Oui, reprend le papa, je m'allonge toujours contre elle la nuit, en posant mon bras et ma main sur son ventre. Et là, j'ai senti que le ventre se durcissait, puis se relâchait, encore et encore. » « Je vais bien ! répond la maman. Je pense juste que j'ai du mal à digérer le repas d'hier soir. On a trop mangé ! »

J'écoute le couple et l'invite à s'installer dans une salle d'accouchement, surtout parce que c'était la salle la plus proche. Donc, tout naturellement, nous nous y installons. J'explique à la maman que nous allons rassurer le papa. Elle accepte bien sûr, car elle a hâte de retourner chez elle. Tranquillement, je l'installe, je prends contact, je dis bonjour au bébé, j'installe le monitoring. Mais depuis quelques minutes déjà, depuis que j'ai posé mes mains sur son ventre, je perçois des contractions intenses, efficaces.

Le tracé du monitoring confirme ce que je ressens. Je le montre à la maman et je lui explique que ce n'est pas un problème de digestion ! Je commence à me hâter un peu plus. Je sens que l'atmosphère change, l'énergie qui circule dans la pièce est une énergie que je connais bien. La naissance approche ! Je mets mes gants, j'examine le col... Non ! Le bébé est quasiment là et lorsque je lève la tête pour trouver le regard de la maman, je la vois concentrée, les yeux fermés, en train d'accompagner la poussée.

Le bébé était là, dans nos mains. Nous vivions une sensation nouvelle, entre émerveillement, joie et stupeur. Une envie de rire, de pleurer... Et pourtant, nous étions silencieux, présents à ce moment suspendu. La magie de la naissance...

Qu'est-ce que le corps a prévu pour gérer la douleur de l'accouchement ?

Le corps a prévu d'accompagner la douleur et de vous aider à la traverser.

LES HORMONES

Lors de l'accouchement, les hormones sécrétées sont principalement l'ocytocine, les prostaglandines, l'adrénaline et les endorphines. Elles ont toutes un rôle particulier permettant le bon déroulement de l'accouchement. Du moins, lorsqu'elles ne sont pas substituées par des hormones de synthèse ou lorsque l'on ne perturbe pas ou ne déséquilibre pas leur production.

– L'ocytocine agit principalement sur les muscles lisses tels que l'utérus et les glandes mammaires. Elle permet de provoquer des contractions utérines efficaces tant dans la durée que dans la fréquence. L'ocytocine a encore plein de choses à nous apprendre. Cette hormone n'est pas uniquement « l'hormone de l'amour », ses aspects et son impact sont multiples.

– Les prostaglandines sont, entre autres, nécessaires à la maturation du col.

– L'adrénaline est bien sûr l'hormone du stress, mais elle ne doit pas être diabolisée. Elle peut être nécessaire, voire vitale dans certaines situations d'urgence. Effectivement, elle va permettre à notre organisme de s'adapter à la situation et plus particulièrement à notre environnement. Si nous sommes dans une situation critique ou non propice à la naissance, elle freinera le processus ou le stoppera. Mais s'il y a urgence, elle peut accélérer le travail pour que l'enfant naisse très rapidement. Dans ces deux situations, elle a pleinement son intérêt.

– Les endorphines ont des effets proches de la morphine. Elles agissent comme des antalgiques et procurent un effet euphorique. Elles sont donc les bienvenues au moment de la naissance. Cependant, elles ne peuvent être sécrétées en même temps que l'adrénaline. Elles ont un effet antagoniste. Pour pouvoir sécréter les endorphines, il sera donc nécessaire d'être dans un environnement qui inspire un sentiment de sécurité et être dans un état de lâcher-prise. Vous sécrétez, par exemple, des endorphines lorsque vous courrez au moins 30 minutes ou après un orgasme. Il est important de comprendre que les endorphines ne sont pas libérées dès le début du travail des contractions, mais après un certain temps. Une fois qu'elles sont présentes dans votre organisme, vous serez portée par leurs effets.

NOTRE CAPACITÉ D'ADAPTATION

Notre organisme est capable de s'adapter, de se « réparer » (comme avec la cicatrisation) et de retrouver son équilibre (homéostasie). Dès que le processus de la naissance débute, l'organisme met tout en œuvre pour s'adapter.

Il y a également un principe qui est très peu connu et qui est encore à l'état « embryonnaire » dans la recherche scientifique : l'**hormèse**. On doit la première description de l'hormèse à un pharmacien allemand en 1888. Edward Calabrese a restauré l'idée d'hormèse par ses travaux en 2004. Ce principe met en valeur la capacité de notre corps à développer des stratégies face à des petites doses toxiques ou à des événements stressants. Or, comme on l'a vu précédemment, l'adrénaline fait partie de la naissance. Cette « dose de stress » pourrait nous être nécessaire pour que le corps puisse, au fur et à mesure de l'avancée du travail, être plus à même de gérer et d'accepter les contractions et les sensations intenses de la naissance. Il reste encore beaucoup à apprendre sur ce sujet, mais il me semble intéressant de l'évoquer ici.

CETTE MYSTÉRIEUSE ALCHIMIE

Je ne peux pas clore ce chapitre sans ouvrir une porte. J'aimerais laisser entrevoir ici le pouvoir et la puissance du corps. Nous sommes si ignorants et à mille lieues de comprendre les enjeux. Nous ne comprenons pas l'importance des énergies du corps, des corps subtils, des interactions avec notre environnement. Ce serait folie que de croire que nous savons. Il est donc primordial de rester humble devant cette force de vie.

5

QUELQUES CLÉS POUR SE PRÉPARER

Un grand voyage vous attend : celui de la naissance ! Une aventure incroyable. Et comme tout voyage, voici les conseils essentiels pour le vivre au mieux et le plus naturellement possible.

Oser la vie

La grossesse peut être vécue de tellement de façons différentes. Soit parce que nous gardons d'anciennes mémoires, qui pour la plupart ne nous appartiennent pas, soit parce que nous avons été conditionnées à la vivre d'une certaine manière et pas d'une autre. Soit parce que nous manquons cruellement de confiance en nous. Peu importe la raison. Si, pour vous, la grossesse rime avec stress, douleur, lourdeur, alors faites-vous un cadeau : changez d'angle de vue. La vie peut être vécue avec noirceur, mais quel dommage, non ? Tant qu'à être là, sur cette planète, autant y prendre plaisir.

S'OFFRIR DES PENSÉES CONSTRUCTIVES

Je vous propose de faire enregistrer à votre cerveau, une bonne fois pour toutes, que la grossesse est un voyage fabuleux, que ce moment de vie est exceptionnel et qu'il vous fera découvrir des parties de vous que vous méconnaissiez. Comment ? Simplement par la force de la suggestion. Oui, la grossesse est un cadeau. Un miracle. L'expérimenter est une chance pour se découvrir, pour développer son potentiel. Alors, osez. Osez vous donner l'opportunité de la vivre pleinement, sereinement et avec gratitude.

Trop souvent, dans notre quotidien, nous exprimons nos contrariétés. On appelle une amie pour lui raconter nos malheurs, on se dit que ce qui nous arrive est injuste, on s'ennuie de cette vie, on fait la liste des choses qui nous déplaisent et on observe avec dépit tous les défauts de notre compagnon. Bref, on passe son temps à mettre du noir devant nos yeux, sur nos pensées. La conséquence de tout ça ? Nous vivons aigris, ça ne nous plaît pas, mais nous ne faisons rien. On campe sur ses positions où tout nous paraît médiocre. Pour autant, n'est-ce pas déjà le commencement de la fin si vous baissez les bras ? Allez, on arrête de s'apitoyer et on se booste.

La grossesse ? Oui, c'est super. Et plus vous allez vous le dire et plus vous allez avoir envie de faire des choses, d'être créative. Plus vous serez créative, plus vous vous sentirez vivante. Plus vous vous sentirez vivante, plus la joie s'installera, et du coup, un tableau plein de couleurs se dressera devant vos yeux, les chemins qui mènent au « possible » seront plus nombreux. Vous vous sentirez même aidée par l'Univers. Vous observerez des synchronicités (des événements simultanés sans lien de cause à effet auront du sens pour vous), vous développerez votre intuition, vous aurez envie de distribuer de l'amour. Sympa comme programme, non ?

S'ÉMERVEILLER

Lorsque votre regard sera dirigé vers l'émerveillement, vous récolterez tous les bienfaits de ce nouvel état. Je dis souvent aux mamans que l'accouchement se passe à 95 % dans le mental. À tort ou à raison, et même si ce pourcentage est exagéré, nous devons prendre en considération cet aspect. Nous savons que nous ne pouvons pas différencier le corps, le mental, les énergies. Notre être entier interagit avec le monde extérieur. Dès lors, une impulsion de vie, de création, aura un impact sur tout notre être et, plus largement encore, sur tout notre environnement.

L'IMPRÉGNATION MOLÉCULAIRE

Je me souviens avoir découvert une expérience qui m'avait beaucoup impressionnée et qui portait sur deux pommes d'un même pommier et dans un même stade de maturation. L'expérience en double aveugle consistait à laisser les deux pommes à l'air libre, au même endroit, pour observer leur maturation. À la différence que l'une d'elles devait subir un traitement un peu spécial : la personne menant l'expérience lui répétait plusieurs fois par jour des phrases négatives comme « tu es moche », « tu ne sers à rien »... Le résultat de cette expérience est que cette pomme s'est dégradée trois fois plus vite que la pomme témoin.

> « CE QUE VOUS SAVEZ POSSIBLE DU FOND DU CŒUR EST RÉELLEMENT POSSIBLE. NOUS LE RENDONS POSSIBLE PAR NOTRE VOLONTÉ. CE QUE NOUS CONCEVONS DANS NOTRE ESPRIT DEVIENT NOTRE MONDE. CE N'EST QU'UNE DES INNOMBRABLES CHOSES QUE L'EAU M'A ENSEIGNÉES. »
>
> Masaru Emoto, « Les extraordinaires découvertes de Masaru Emoto », Urantia Gaïa

Une autre expérience a été menée par Masaru Emoto, docteur en médecine alternative. Cet homme n'était pas un scientifique à proprement parler, mais ses travaux sont connus. Il a mis en évidence l'impact de la pensée sur la structure même de la molécule d'eau. Il a pu analyser les molécules d'eau en les cristallisant. Il a d'ailleurs publié de nombreux livres à ce sujet. Il a fait le lien entre des pensées négatives et une structure de la molécule d'eau tout à fait anarchique et, *a contrario*, une structure parfaitement symétrique et harmonieuse avec de belles pensées.

Il me semble très intéressant de partager avec vous cette étude et ses conclusions. La grossesse et l'accouchement sont plus particulièrement liés à l'eau qu'à n'importe quelle autre période de la vie. Le corps d'une femme adulte est composé de 65 % d'eau. Donc, pas moins de 45 litres si vous pesez 70 kg ! À la naissance, un bébé est composé de 78 % d'eau. Avec la présence du liquide amniotique, nous pouvons rajouter, à partir de la 38e SA (semaines d'aménorrhée), 800 ml (entre la 34e et la 38e SA, la quantité de liquide amniotique est plus proche de 1 litre).

Nous pouvons alors émettre cette hypothèse : si je m'encourage à avoir des pensées positives, je nourris chaque cellule de mon corps, non seulement dans sa structure, mais aussi dans son énergie. Ainsi, je peux profiter, avec mon bébé, de l'harmonie qui en découle.

SAVOIR S'ENTOURER ET CRÉER UN ENVIRONNEMENT BIENVEILLANT

J'aimerais préciser qu'il est bien évident que la vie n'est pas facile. Les épreuves ne manquent pas. Nous sommes parfois assez malmenés. Il ne s'agit donc pas de nier nos sentiments, nos émotions. Nous pouvons ressentir de la colère, de la tristesse, de l'angoisse, de la douleur. Ce qui me semble intéressant, c'est de pouvoir sortir de ces états qui finissent par nous polluer si nous y restons trop longtemps.

Une femme qui accouche, par exemple, peut ressentir un désespoir profond. Mais cela doit rester une phase, pas un état permanent. Il y a plusieurs outils pour se sortir d'un état de torpeur, de stress. Nous avons les clés pour « switcher » ces périodes et entrer dans une dynamique positive et créatrice. Et ce, à tout moment de la vie.

L'environnement sera aussi très important. Tout est inter-lié. Nous pouvons émettre des pensées positives, mais si nous sommes dans un environnement insécurisant ou anxiogène, notre corps le captera. Il est donc important d'être entourés par des personnes bienveillantes (autant que possible) et d'avoir un environnement propice à l'harmonie. Nous revenons donc ainsi au choix du lieu de la naissance de notre enfant et des personnes qui seront présentes ce jour-là ou tout au long de la grossesse.

Sortir de l'infantilisation

C'est un sujet qui m'a longtemps préoccupée et qui me préoccupe encore : pourquoi les femmes enceintes (ou en train d'accoucher) ont une attitude « enfantine » envers le corps médical. Mais aussi, pourquoi le corps médical infantilise la femme dans cette période de sa vie plus particulièrement ? Je vais essayer de comprendre avec vous pourquoi, sans pensée culpabilisatrice ou victimisante, car ce ne serait pas productif et ce ne serait pas juste non plus.

Voici les phrases que j'ai pu entendre ou lire, que ce soit dans ma pratique ou dans des commentaires de mamans sur Internet (forums, groupes Facebook, Twitter...) :

– *« J'ai hâte de retrouver mon "gygy". Il doit partir en vacances dans 3 semaines alors, pour que ce soit lui qui m'accouche, il m'a proposé de déclencher l'accouchement. »*

– *« Bon, alors, ma petite dame, il va falloir pousser maintenant ! »*

– *« Heureusement que mon gynéco était là pendant l'accouchement, sinon je ne sais pas si j'y serais arrivée ! »*

Essayons de comprendre ce qu'il se passe et pourquoi on en arrive à ce schéma dominant/dominé. Pourquoi abandonnonsnous (délibérément ou inconsciemment) nos responsabilités pour les laisser au corps médical ? Pourquoi le corps médical attend-il, d'une certaine façon, que nous le fassions ?

Et ce qui me paraît essentiel : comment sortir de ce schéma pour être pleinement actrice, pour être des parents responsables, pour faire des choix éclairés et non téléguidés ?

QUELQUES PISTES DE RÉFLEXION

Depuis notre plus tendre enfance, nous avons nous-mêmes été mis à mal dans notre développement. Notre capacité à « nous faire confiance », à avoir confiance en notre potentiel, n'a pas été mise en valeur pour la plupart d'entre nous. Le schéma dominant/dominé commence déjà au berceau. « Non, ne fais pas ça. C'est comme ça et puis c'est tout. » Ainsi, nous sommes marqués au fer rouge par cette croyance. Nous nous disons : « Je ne suis pas capable de… Ceux qui ont de l'autorité savent à ma place ce qui est bon pour moi. »

Toute notre adolescence et toute notre vie de jeune adulte se passent enfermés dans une école. Nous sommes assujettis aux horaires, aux lieux. Nous devons être présents pour tel professeur et assimiler ce qu'il enseigne. À nouveau, nous sommes privés de notre créativité, de nos pensées, de nos opinions. Ce qui est important, c'est d'obéir. Ce que nous allons surtout mémoriser, c'est « ce que je ressens, ce que je perçois, ce dont j'ai envie n'est pas important ou, du moins, n'est pas la priorité de la société dans laquelle je vis. » Nous trouverons donc « normal », par la suite, d'avoir un cadre similaire dans notre travail, même si beaucoup ont conscience qu'ils en souffrent.

« Ô MALHEUREUX ENFANT, VICTIME PERPÉTUELLE DE LA PÉDAGOGIE FRANÇAISE, LIVRÉ SANS DÉFENSE À TOUTES LES ENTREPRISES, MATIÈRE INERTE QUE L'ON BROIE, QUE L'ON PIÉTINE ET QUE L'ON FAÇONNE, QUE L'ON MARTYRISE, SUR QUI S'ACHARNE L'EFFORT DES PÉDAGOGUES OBSTINÉS À T'ARRACHER, MORCEAU PAR MORCEAU, TON ORIGINALITÉ, TON ACTIVITÉ, TES SPONTANÉITÉS, EN UN MOT TA VIE, AFIN DE LEUR SUBSTITUER UNE VIE QUI N'EST PAS TA VIE, UN MOUVEMENT QUI N'EST PAS TON MOUVEMENT. »

Abel Faure, *L'Individu et les diplômes*, Stock, 1909

Les « figures d'autorité » sont impressionnantes. L'autorité fait peur. Elle est associée à la sanction, au pouvoir des uns sur les autres. Ainsi, face à une personne « faisant autorité », nous avons tendance à nous effacer. Un médecin (même si son prestige est un peu amoindri depuis une ou deux générations) reste une personne qui domine dans le conscient collectif (oui, je précise bien que ce n'est pas que dans l'inconscient…). Combien de femmes, qui ont eu une consultation avec un gynécologue, reviennent auprès de leur sage-femme et disent : « Je peux vous poser quelques questions ? Parce que je n'ai pas osé les poser à mon gynécologue… Il avait l'air pressé, je ne voulais pas l'embêter avec mes questions… » ou « Je ne sais pas pourquoi il m'a prescrit ces examens, mais je dois aller au laboratoire demain. Il faut que je le fasse », ou encore « Il m'a dit ça… Vous pensez que c'est grave ? Je ne comprends pas… » Je suis souvent triste d'entendre ces phrases, car la future maman a déjà perdu ses compétentes, ses responsabilités. Elle n'est pas/plus actrice de sa grossesse. Elle se plie à l'autorité en se coupant de plus en plus de son ressenti, de son intuition.

UN COCON MATERNEL

Une autre hypothèse de l'infantilisation des femmes est pour moi un peu ignorée. Enceintes, nous retrouvons instinctivement le besoin de protéger notre progéniture. D'ailleurs, physiologiquement, notre organisme fait en sorte que l'attention soit portée sur la grossesse, sur le bébé. Des études scientifiques [2] ont conclu que notre cerveau se modifie lors de la grossesse afin de privilégier la relation mère/enfant. Mais il n'y a que très peu d'études à ce sujet. Quoi qu'il en soit, le fait est que les changements biologiques et hormonaux liés à la grossesse nous déstabilisent un peu. J'ai pu remarquer, lorsque je recevais des mamans en consultation, que cette période de la vie les amenait à être un peu plus sensibles, pas seulement au niveau des sens. Cette sensibilité semble exacerbée très certainement pour que nous soyons des mères protectrices.

Pour autant, j'ai le sentiment qu'il y a un revers à cet instinct. Il est tout à fait possible que les femmes enceintes aient besoin d'être elles-mêmes protégées du monde extérieur. C'est du moins ce que j'ai pu constater. Une vulnérabilité peut s'installer pour laisser place à de l'insécurité. Cette hypothèse peut être mise en parallèle avec les animaux : une louve, par exemple, se concentrera sur ces petits pendant que le loup protégera les alentours de la tanière. N'oublions pas que nous sommes des mammifères. La femme enceinte aura donc besoin d'être rassurée par son compagnon, garant de sa protection. Je pense que cet état de vulnérabilité est capté aussi par l'entourage, le corps médical en l'occurrence. Et dans un esprit « paternaliste », qui veut protéger, il est facile d'endosser ce rôle, même si ce n'est *a priori* pas celui du gynécologue, de la sage-femme ou du médecin.

2. *Nature Neuroscience* 20, 287-296 (2017), travaux dirigés par Elseline Hoekzema et Erika Barba-Müller (université de Barcelone, Espagne).

UNE APPROCHE GLOBALE

Le corps médical a, lui aussi, été modelé. Ils ont tous été de bons élèves et, j'entends par là, des personnes qui savent obéir, qui savent apprendre et restituer, puisqu'ils sont diplômés. Ils ont été eux aussi dans un schéma de dominant/dominé, mais la différence fondamentale, à mon sens, est qu'ils ont perçu qu'à leur tour, ils domineront. Tout est codifié, du langage médical aux valeurs déontologiques des professions médicales. Tout est cadré. Tout est décortiqué. « Toi, tu veux faire quoi ? De la médecine générale ? Psychiatre ? Pédiatre ? Gynécologue ? »... Il y a un médecin pour chaque organe, pour chaque système du corps humain. C'est ce que l'on nomme « la médecine occidentale », c'est-à-dire celle qui compartimente. Or, pour donner un exemple dans le domaine de l'obstétrique, nous ne sommes pas que des utérus et des vagins. Il manque donc une dimension importante : celle de l'approche globale de l'être humain, dans sa sphère physique, psychique, énergétique et spirituelle.

Une femme qui donne naissance à son enfant ne le fait pas uniquement physiquement. Tout son être et son enfant participent à cet événement. Ainsi, il est probable que, si les professionnels de santé avaient accès à ces connaissances, c'est-à-dire avaient conscience du potentiel des femmes et des enfants à naître, leur regard et leurs actes seraient différents. Car nous sommes tous des êtres humains, professionnels de santé ou non, qui souhaitons être heureux et en cohérence avec notre cœur et nos actes.

> « LA SOLUTION NE RÉSIDE DONC PAS DANS UNE ÉNIÈME ÉDUCATION ALTERNATIVE, MAIS DANS UNE ALTERNATIVE À L'ÉDUCATION. »
>
> Jean-Pierre Lepri, *La Fin de l'éducation ? Commencements...*, 2013

Forts de ces nouvelles perspectives, comment pouvons-nous sortir de ces schémas, de ces conditionnements ? Je crois que la première clé est d'en prendre conscience. Ensuite, il est inutile de désigner des victimes et des coupables. Cela ne changerait pas ce qu'il s'est passé. Pour avancer et faire des choix éclairés, conscients et responsables, il est urgent de se réapproprier nos compétences, de se dire : « Je suis un être doué de faculté dont je ne mesure pas l'importance », « Mon corps a des capacités insoupçonnées », « Les seules limites qui entravent ma vie sont celles que j'ai édifiées », « Mon cœur recèle une intelligence neuronale, intuitive, connectée avec la source même », « Je suis le créateur de ma vie », « Je peux co-créer une vie merveilleuse avec mon entourage, en m'entourant de personnes qui sont dans cette énergie de créativité ou qui souhaitent l'être. »

Lorsque l'on est créateur de sa vie, un élan se fait ressentir à l'intérieur de notre être, de notre cœur. On a cette sensation ultime de toucher du doigt « le frisson de la vie ».

Se reconnecter avec la nature

La force de vie est partout autour de nous. Elle est aussi en nous, mais parfois, nous sentons que nous avons perdu un peu de l'énergie qui nous habite : « Je suis à plat », « Je n'ai plus d'énergie » sont des phrases types pour exprimer que nous avons besoin de nous recharger.

Alors, comment faire ? Bien sûr, tout ce qui nous fait du bien va nous en apporter : lire, écouter de la musique, chanter, se faire masser ou boire un bon jus de fruits frais installé sur son sofa. Il y a certainement quelque chose qui fonctionne pour vous ou que vous pouvez facilement faire pour retrouver l'énergie.

Je vous propose de tester, pour ceux qui ne l'ont pas encore fait, une reconnexion avec la nature. Cet exercice pourra être bénéfique notamment en début de travail.

Exercice dans la nature

Si vous vous trouvez dans un jardin avec des arbres, marchez pieds nus. Cela vous permettra déjà de vous vider de toutes les ondes qui vous polluent au quotidien (wifi, ondes électromagnétiques...). Le contact du sol avec vos pieds nus fera l'effet d'une prise de terre. Tout ce qui est en excès dans votre corps ira naturellement vers la terre.

Trouvez un arbre et approchez-vous-en en conscience. Pour cela, il suffit d'abord de l'observer, dans sa taille, son volume, sa forme. Puis fermez les yeux et essayez de ressentir ce qu'il dégage. Toute forme vivante envoie une énergie. Même si, les premières fois, vous ne percevez rien, ce n'est pas important. Au fur et à mesure de vos expériences, vous y arriverez. Puis touchez-le. Rapprochez-vous pour mettre vos bras autour de l'arbre. Fermez les yeux, collez-vous au tronc. Dites-vous que l'arbre vous envoie de l'énergie. Vous pouvez essayer de visualiser cette énergie qui part des racines, puis remonte jusqu'à la cime. Le fait d'être enlacé à lui vous permet de bénéficier de ce flux qui vient du plus profond de la terre. Restez le temps que vous voulez au contact de cet arbre. Puis séparez-vous de lui en ayant un sentiment de gratitude pour ce que la nature vous offre.

Exercice à domicile

Si vous n'avez pas accès à la nature, ouvrez une fenêtre ou allez sur votre balcon. Mettez une chaise et installez-vous confortablement. Peu importe le temps qu'il fait dehors, observez à quel point le ciel est étendu, généreux, imaginez qu'il cache à vos yeux la stratosphère, la galaxie. Ne vous limitez pas à ce que vous voyez. Si c'est plus facile pour vous, fermez les yeux. Sentez l'espace autour de vous. Même la planète doit vous sembler petite dans cette immensité. Puis sentez votre cœur. Portez votre attention sur lui. Visualisez que votre cœur est en connexion avec la galaxie. Portez votre attention sur une lumière à l'intérieur de votre cœur. Respirez tranquillement, en utilisant votre cage thoracique et votre ventre à chaque inspiration, à chaque expiration.

L'idée est de se sentir en harmonie et en contact avec ce qui vous entoure. Prenez le temps qu'il vous faut, puis une fois les yeux ouverts, observez ce que vous ressentez pendant quelques minutes, dans le silence.

Bien manger pour bien accoucher !

La grossesse permet au corps de se préparer à la naissance. Ainsi, pour que l'accouchement se passe bien, il est important que la grossesse se déroule au mieux.

Une grossesse physiologique permettra d'augmenter considérablement vos chances d'avoir une naissance physiologique. Si l'organisme sait comment se préparer pour le grand jour, il a tout de même besoin qu'on lui en donne les moyens. Votre corps a besoin d'énergie pour fonctionner, tout comme une voiture a besoin d'essence. Il lui faudra donc une alimentation saine, équilibrée et en quantité suffisante (ni trop, ni trop peu).

Par ailleurs, une alimentation saine permettra une prise de poids correcte pendant la grossesse. J'entends souvent les femmes me dirent : « Ne vous inquiétez pas pour moi ! Pour ma première grossesse, j'ai pris 25 kg, mais j'ai réussi à tout perdre dans les mois qui ont suivi l'accouchement. Aucun problème ! » Mais la prise de poids pendant la grossesse n'est pas juste une question « esthétique ». Il est important de bien se sentir dans son corps, de pouvoir se mouvoir sans trop de difficulté, de ne pas épuiser son corps avec le surpoids tant au niveau du squelette, des ligaments… que des organes, qui travaillent avec rigueur pour essayer de garder un équilibre interne pour la bonne santé de la maman et du bébé. Car si vos organes se sentent dépassés, vous pouvez rapidement basculer dans de la pathologie comme le diabète gestationnel.

En outre, si la prise de poids a été trop importante, l'accouchement sera forcément plus difficile. Vous aurez du mal à trouver une position antalgique, à vous positionner sans que vos membres ne vous réclament rapidement une pause. Votre corps vous « pèsera ».

Pour votre bébé, ce sera plus compliqué aussi. Pourquoi ? Parce que, si vous prenez plus de poids que vous ne devriez, lui aussi sera certainement plus gros que ce qu'il aurait dû. Il aura « profité » d'un apport calorique trop riche.

DE L'ÉNERGIE, DE LA QUALITÉ ET DU PLAISIR

Il est donc important de bien vous alimenter. Privilégiez les aliments et les boissons non industriels, sans conservateurs ni additifs de synthèse, qui ne sont pas préparés avec trop de sel ou de sucre, trop de matière grasse. Les aliments crus et cuits comme les fruits et les légumes vous apportent les macro- et micronutriments nécessaires. Pensez à consommer des oléagineux, des céréales.

Préférez l'eau, les jus de fruits et de légumes faits maison. Si vous pensez avoir une alimentation déséquilibrée, vous pouvez bénéficier pendant la grossesse d'une séance avec une nutritionniste. Profitez-en. Si vous avez une alimentation à tendance végétarienne, végétalienne ou autre, c'est peut-être aussi l'occasion de revoir les menus pour s'assurer du bon équilibre de vos plats.

De plus, il est bon de rappeler que le bébé puisera dans vos réserves si vous ne lui apportez pas ce dont il a besoin. Mais il peut être tout de même en difficulté et votre état de santé ne sera plus aussi bon. Je pense notamment à l'énergie qu'il vous faudra pendant l'accouchement et pour les suites de couches jusqu'aux quelques mois qui suivront la naissance de votre enfant. Prenez donc soin de vous.

Namasté

Ce mot, qui signifie littéralement « je m'incline devant toi », me galvanise à chaque fois. Il nourrit mes cellules, car je l'entends comme une ode à la vie : « La lumière en moi salue la lumière en toi. » Rien que sa définition nous permet de toucher l'impalpable. C'est un mot que l'on devrait utiliser souvent. Je regrette qu'il ne nous soit pas coutumier en Occident. Lorsque nous portons la vie, nous sommes en permanence avec la lumière de ce petit être qui croît en nous. Cette lumière est certainement encore plus intense du fait qu'elle est à l'état pur.

En effet, au fil des années, nous mettons comme des voiles par-dessus celle-ci. Nous l'atténuons, nous n'en prenons pas soin. Un bébé *in utero* n'a pas encore altéré cette relation directe avec son cœur, avec sa richesse originelle. Il est comme un canal ouvert entre le monde d'où il vient et celui qui l'accueille. C'est donc un privilège de pouvoir être enceinte, car au-delà d'accueillir une âme, nous avons cette opportunité de « toucher » à l'impalpable.

Les mots, on ne le dira jamais assez, sont riches de leur vibration et de leur capacité à nous rendre heureux ou non. Broyer du noir n'est pas salutaire pour notre bien-être. Donc, envoyez-vous des fleurs en verbalisant ou en pensant à des mots, des phrases, des citations qui appellent à l'amour.

Dans mon cabinet de sage-femme, je proposais une séance de relaxation. Vous pouvez la faire chez vous. L'idée est de se détendre dans une posture agréable. Allongez-vous sur le côté et calez un coussin entre vos jambes par exemple, avec un autre sous la tête. Vous allez fermer les yeux en respirant calmement, en utilisant une respiration thoraco-abdominale. Vous allez explorer, voyager dans votre corps de la tête aux pieds, en passant par le ventre où « loge » votre bébé. Demandez à votre compagnon ou à une personne proche de vous lire le texte suivant, avec en fond une musique douce, sans paroles si possible.

Exercice de relaxation et de visualisation

Je sens mon corps s'apaiser au fur et à mesure de ma respiration. J'inspire, j'expire.

Je sens, à l'inspire, l'air qui pénètre au pourtour de mes narines.

Cet air emplit mon crâne d'un souffle léger.

À l'intérieur de mon crâne, je sens un bien-être qui prend place.

Je perçois mes os du crâne comme s'ils se dilataient à chaque respiration.

Mes pensées sont comme des nuages, qui traversent et repartent, poussées par l'air que j'expire.

J'inspire doucement, j'expire.

Je suggère que mon mental soit au repos et que mon esprit soit ouvert.

À l'intérieur de mon crâne, je laisse circuler l'air que j'inspire.

Mon crâne est le lieu de la connaissance. Il me permet d'ouvrir mon esprit.

Il abrite mon hypophyse, ce magnifique chef d'orchestre qui anime mon corps. Il abrite aussi ma glande pinéale, qui s'épanouit grâce aux rayons du soleil.

Je vais donc visualiser de la lumière à l'intérieur de mon crâne. Une lumière douce, plaisante et ressourçante. Je vais teinter cette lumière avec une touche de violet.

Je voyage dans mon corps pour découvrir comment je me sens, là, dans le moment présent.

Je descends dans ma gorge. Je laisse l'air y pénétrer à chaque inspiration et ressortir à chaque expiration.

Ma gorge abrite ma thyroïde, mes cordes vocales. Cette gorge me permet d'oser être, de communiquer. Elle me rend créative.

Je respire dans cette gorge et je laisse l'air y pénétrer comme une source d'eau claire. Je visualise une couleur bleu turquoise, à l'intérieur. Cette source vient ouvrir ma gorge.

Je continue le voyage et je visualise ma cage thoracique.

Dans sa forme, dans son volume, lors de mes inspirations et de mes expirations.

À l'intérieur, j'écoute la soufflerie de mes poumons, les battements de mon cœur.

Je porte mon attention dans la région du cœur.

Je me laisse un peu de temps pour savourer ce moment.

J'observe ce qu'il se passe, je m'abandonne à ce délicieux moment où mon âme se nourrit, se remplit.

Je me sens pleine de gratitude, d'amour.

Je respire tranquillement. Je laisse s'installer une belle lumière verte dans la région du cœur.

Je continue le voyage, au niveau du plexus solaire, que je visualise comme un soleil en haut de mon ventre.

Le plexus solaire est l'espace qui me permet de prendre contact avec mon énergie, ma vitalité, mes désirs. Il a besoin d'espace, alors je respire à l'intérieur de ce plexus, de ce soleil.

Je visualise un beau jaune, une belle lumière.

Petit à petit, je sens le soleil prendre de l'ampleur et ses rayons se dirigent partout dans mon corps.

Je suis illuminée de l'intérieur. Comme une silhouette de lumière, je profite de me sentir aussi légère, aussi pleine.

Je respire tranquillement, en suivant spontanément les mouvements de mon corps qui gère ma respiration.

Je descends maintenant dans mon ventre. Ce ventre arrondi qui abrite ce petit être, qui abrite mon bébé.

Je prends d'abord le temps de sentir mon ventre, lorsque j'inspire et lorsque j'expire.

J'observe sa capacité à s'emplir, puis se réduire à chaque respiration.

Ensuite, je vais au-delà de la peau, de la chair, des muscles abdominaux.

Je me retrouve face à une bulle épaisse et opaque, comme une amphore à l'envers, dont le goulot serait le col : mon utérus.

Mon utérus est un muscle puissant. Je le rencontre avec tendresse, lui qui permet à mon bébé d'être protégé et qui lui permettra, dans toute sa puissance, de naître, grâce aux contractions.

Je franchis l'utérus et je me retrouve face à une autre bulle. Une bulle translucide, souple et solide à la fois : la poche des eaux.

À travers, je distingue mon bébé, qui baigne dans le liquide amniotique. C'est un peu flou d'ici, alors je franchis cette bulle pour me retrouver dans l'eau, à côté de mon bébé.

Je prends le temps de ressentir l'eau sur ma peau, la sensation de flottaison, mes mouvements qui deviennent faciles et légers.

J'ai l'impression que mon corps danse avec l'eau, je suis bercée par les mouvements de la respiration. J'entends tous les bruits que mon corps fait, un peu assourdis par l'eau qui m'entoure : le flux des vaisseaux sanguins, le gargouillis de mon appareil digestif, le boum-boum de mon cœur, l'air qui circule dans mon appareil respiratoire. Je perçois une lumière rouge à travers le ventre. Je prends conscience que mon bébé est en permanence baigné dans ce milieu bien vivant. Même le liquide amniotique que je goûte est imprégné de ce que j'ai mangé quelques heures auparavant.

Je prends le temps d'être là, juste à côté de mon bébé.

J'essaie juste d'être présente, avec amour.

Je me laisse un peu de temps, je lui laisse un peu de temps.

Peut-être que je devine son visage, son corps ou peut-être pas du tout.

Je ressens peut-être son énergie. Des mots ou des images me viennent.

Je prends mon temps, puis quand je le sens, je retourne avec tendresse vers ce ventre arrondi.

Je laisse mon bébé dans son espace, pour visualiser les contours de mon ventre. J'observe dans et autour de mon ventre une belle lumière orangée.

Ma respiration est comme un bercement pour mon enfant. Alors je respire, je le berce.

Je continue le voyage, je descends dans mon bassin.

J'imagine sa forme, sa taille.

En avant, la symphyse pubienne. Sur les côtés, mes hanches. En arrière, mon sacrum, mon coccyx. En dessous, mon périnée, tous ces muscles qui enserrent la vulve et l'anus.

Mon bassin est formé d'os, tapissé de muscles et de muqueuse. À l'intérieur, c'est comme une cathédrale. Je laisse une douce lumière s'installer dedans, comme si cette lumière était le résultat des rayons du soleil à travers un magnifique vitrail rouge.

Une cathédrale, de par sa dimension, précisément faite pour être le berceau de mon bébé. C'est aussi un endroit sacré, car depuis des millénaires, des enfants naissent en passant par cet endroit.

Je vais diriger mon souffle, depuis mes narines, en longeant ma colonne vertébrale jusqu'à mon périnée. Je visualise un canal dans lequel glisse mon souffle : à l'inspire, il descend, à l'expire, il remonte.

Ça respire à l'intérieur.

Comme une vague, avec douceur, qui avance et qui recule.

Je prends le temps d'observer que mon périnée bouge lui aussi au rythme de ma respiration.

Il se détend grâce à mon calme, à ma respiration, légère et consciente.

Je continue de respirer dans ce canal. Tranquillement.

Puis pour finir le voyage, je prends conscience de la globalité de mon corps, les jambes, les pieds, les bras, les mains.

Je ressens tout mon corps, allongée sur ce matelas, sur ces coussins. Au-delà de mon corps, je perçois toute l'énergie qui circule à l'intérieur et à l'extérieur. Je perçois mon aura.

Je savoure encore un peu ce moment de paix et d'amour, puis quand je me sentirai prête, j'ouvrirai les yeux.

Après avoir vécu ce moment de détente, laissez venir les mots, les images. Si vous le pouvez, écrivez ce qui vous vient. Vous pourrez alors relire à tout moment ces quelques lignes, pour vous réimprégner des sensations que vous avez pu avoir, dans un moment de total bien-être.

« IL N'Y A DE VRAI ET DE SOLIDE ESPRIT QUE CELUI QUI PREND SA SOURCE DANS LE CŒUR. »

Luc de Vauvenargues

Recharger ses batteries lors de l'accouchement

Le corps est incroyable. Nous sommes loin de comprendre tout ce qui s'y passe, mais nous en avons quelques notions. D'un point de vue physique, psychique et spirituel, toute la globalité de l'être est sollicitée dans ce processus de la naissance.

Il est important de comprendre que, dans notre quotidien, nous sommes happés par la suractivité de notre cerveau. Nous délaissons donc des parties de nous-mêmes qui sont pourtant la source d'un bonheur et d'un trésor inestimable comme notre cœur, notre âme.

CALMER NOTRE MENTAL

Nous devons essayer de ne pas nous focaliser sur nos pensées. Prendre un moment pour soi, pourquoi pas en fermant les yeux, et diriger notre attention sur notre cœur. Les pensées arrivent souvent en rafales lorsque l'on n'a pas l'habitude de méditer sur son cœur. Alors imaginez ces pensées comme des nuages, qui passent et qui repartent. Si vous vous focalisez sur une pensée, celle-ci s'intensifiera et prendra une proportion énorme vous empêchant d'accéder à votre cœur.

Il existe plusieurs solutions pour recharger ses batteries, mais d'abord, limitons les pertes d'énergie. Pour cela, il est nécessaire de changer d'angle de vue. Et si vous essayez de voir les côtés positifs ? De formuler des pensées positives sur vous et la vie en général ? Nous sommes tous créateurs de notre environnement. Quand l'un parlera de pluie, l'autre y verra un arc-en-ciel. L'arc-en-ciel existe bien pourtant pour les deux personnes, mais notre regard conditionne notre état, notre bien-être.

NOS PROPRES LIMITES

Pendant la grossesse et lors de l'accouchement, certaines pensées peuvent nous bloquer. Il faut comprendre que, la plupart du temps, nous sommes limités par nos peurs, nos croyances ou le manque de confiance en nous. Lâchez ces pensées qui vous empêchent d'être vous-même. Sentez au contraire que l'expérience que vous vivez est unique et que le voyage que vous entreprenez vous fera vous découvrir pleinement, dans tout votre potentiel, traversée par une force de vie qui vous dépasse.

Contactez votre être « profond », la lumière qui vous habite. La grossesse et l'accouchement sont comme des portes ouvertes vers des mondes invisibles, vers l'infiniment grand. Ne vous limitez pas à votre intellect qui a besoin de concret, de palpable, de visible. Vous sentez intérieurement qu'il n'y a pas que de la matière, il y a aussi une beauté et un océan d'amour.

Une fois ces barrières levées, prenez soin de votre corps. N'oubliez pas que votre « véhicule », votre enveloppe charnelle, a besoin d'être nourri. Lors de l'accouchement, faites-vous plaisir sans trop vous alourdir. Votre corps mobilise son énergie pour la naissance, donc il faut lui apporter du « carburant », mais ne faites pas le plein, car vous risquerez de vous sentir moins disponible pour vivre vos contractions.

➔ LE MOUVEMENT EST LA VIE

Il faut penser aussi au besoin du corps de se mouvoir. Lors de la grossesse, et à plus forte raison pendant l'accouchement, le corps a besoin d'être mobilisé. Nous nous devons de préparer nos articulations, nos muscles, notre endurance. Marchez si possible quotidiennement pendant ces 9 mois, étirez-vous le matin au réveil comme un chat le ferait, dansez sur une musique douce pour ressentir l'effet positif des gestes amples et doux sur tout votre être.

Le jour J est là ? Alors pourquoi ne pas refaire une petite balade dans la nature avec votre compagnon, une amie ou un proche ? Respirez calmement pendant les contractions et refaites quelques pas. Prenez un bain pour vous détendre, relâcher les tensions musculaires, faites-vous masser, écoutez les bruits de la nature ou de la musique, formulez des pensées positives, nourrissez-vous du regard bienveillant de votre compagnon s'il est présent ou imaginez-vous face à une personne que vous aimez en la visualisant en train de vous sourire et de vous soutenir avec un regard plein d'amour.

Tout ce qui est positif et qui permet de l'être, sur tous les plans, sera une source d'énergie.

La vie et la mort, deux passages intimement liés

Beaucoup de personnes font des parallèles entre le moment de la naissance et la mort. Il existe des témoignages de personnes ayant vécu une expérience de mort, puis qui sont revenues, parlant de tunnel de lumière, de sensation de bien-être… Certaines femmes ressentent et perçoivent aussi au moment de la naissance une énergie particulière. Il y est question d'instant sacré, de connexions avec l'Univers, d'une pulsion d'énergie de vie.

> « LORS DE L'EXPULSION, JE SUIS PARTIE DANS UN GRAND COULOIR D'ÉNERGIE, JE FAISAIS "UN" AVEC LE MIRACLE QUI ÉTAIT EN TRAIN DE SE FAIRE : LE MIRACLE DE LA VIE. »
>
> Nadine, pour son premier bébé

Ces femmes qui témoignent de ce vécu expliquent bien souvent qu'elles étaient sereines et dans l'acceptation, dans le don de soi. C'est une expérience forte et en même temps très riche. La plupart du temps, une femme découvre à ce moment-là à quel point nous sommes tout petits et à la fois si grands, dans cet espace où tout est suspendu et où l'essentiel peut alors être perçu par nos cœurs, par nos âmes.

D'un point de vue psychique, nous nous retrouvons effectivement dans un moment de vie où, symboliquement, nous mourons à quelque chose pour renaître à autre chose. De fille, nous devenons mère, mais pas seulement. Nous sommes aussi transcendées par la vie, celle de notre enfant qui, en quelque sorte, prend le relais pour perpétuer l'espèce.

La vie est faite de deuils, plus ou moins grands. Le deuil d'une étape de vie, d'un état de fait. Mais, bien souvent, ces deuils ouvrent sur d'autres chemins et sont nécessaires pour avancer. Lors de la naissance de son enfant, il faut donc pouvoir accepter de se lancer vers l'inconnu, vers sa propre renaissance en se laissant pousser (comme l'enfant à naître) vers le flot de la vie.

C'est écrit dans les étoiles

Que pouvons-nous faire face à la destinée ? Notre enfant, celui qui repose sur notre poitrine, a sa propre destinée. Bien souvent, on pense que l'on peut maîtriser ce qu'il se passe ou va se passer. En fait, ce n'est pas tout à fait faux. Je pense que notre route est déjà écrite, nous sommes là pour explorer certaines facettes de l'existence. Mais il y a aussi quelque chose qui peut nous permettre d'aider cette âme. Et de nous aider sur notre propre chemin aussi. C'est l'évolution. Quel bonheur de savoir que nous avons la possibilité de nous éveiller, de prendre conscience. Dès lors, nous pouvons lever le voile et voir avec un regard nouveau. Pour apporter à cette grossesse le meilleur possible, je prends conscience de la force de la vie et de ma propre destinée.

Lorsque nous comprenons que nous sommes capables de déployer notre spiritualité, nous permettons aussi à l'autre de s'en inspirer. Comme une onde dans l'eau qui se propage, tel un rire d'enfant communicatif. Nous aspirons tous à être heureux et nous souhaitons profondément que notre enfant le soit. Alors laissons nos vieux schémas derrière nous. Si l'on observe l'humanité au cours du temps, on s'effraie de ces cycles de souffrances, de guerre. On a l'impression que « l'histoire se répète »… C'est peu de le dire et vous avez certainement déjà entendu maintes et maintes fois cette phrase. Pourtant, il y a quelque chose qui prend de l'ampleur. C'est cette prise de conscience. Nous prenons conscience de notre planète, que nous sommes plus efficaces lorsque nous sommes solidaires, que nos pensées positives peuvent changer notre vie, notre monde. Plusieurs belles âmes sont porteuses de merveilleux messages, Gandhi, Amma, et tant d'autres. Je suis sûre que vous avez au moins un nom en tête. Mais surtout, ce que je vois, c'est que l'on avance avec de plus en plus d'êtres autour de nous qui se sentent concernés par l'évolution. Nous avons quitté un mode de pensée restreint, contenu, pour nous ouvrir à d'autres perspectives.

Dans le milieu de l'obstétrique, nous ne sommes pas tous logés à la même enseigne suivant les pays, car certains sont beaucoup plus en avance, mais je sens l'effervescence, l'envie de réinventer l'accompagnement sacré de la vie, de la naissance.

> « LA CRÉATIVITÉ EXIGE D'AVOIR LE COURAGE DE LAISSER TOMBER LES CERTITUDES. »
>
> Erich Fromm

La visualisation de l'accouchement

Il est intéressant d'utiliser la visualisation pour que le mental enregistre cet acte naturel de donner la vie en effaçant les éventuelles peurs qui y étaient liées. Lorsque l'on envoie des pensées ou des images positives à notre cerveau, pour notre plus grand bonheur, il les retient ! Alors prenez ce temps pour envoyer à votre cerveau votre scénario idéal d'accouchement.

Exercice de relaxation et de visualisation

Vous pouvez vous allonger, les yeux fermés. Projetez-vous dans ce jour futur, ce jour de la naissance de votre enfant. Vous commencez à percevoir des contractions et vous pouvez d'ores et déjà les imaginer comme tout à fait acceptables au niveau de vos sensations. Elles ont du sens puisqu'elles sont là pour que votre bébé puisse naître. C'est donc une journée (ou une nuit) magnifique. Vous allez donner vie ! Ressentez la joie qui accompagne ce moment, malgré des contractions de plus en plus présentes et pressantes. Votre respiration est calme, profonde, vous sentez que votre corps est prêt pour donner la vie. Votre bébé est prêt aussi à naître. Laissez-vous bercer par le flot des contractions, même si, parfois, elles sont comme des vagues tumultueuses, elles sont alors d'autant plus efficaces.

Sentez votre bébé qui descend dans le bassin, les mouvements que vous allez faire pour l'aider à descendre. Émettez peut-être même des sons pour vous encourager ou sentez l'eau chaude ruisseler dans votre dos sous une douche. Votre compagnon vous masse le sacrum, détend vos muscles du dos. Sentez l'amour qui vous inonde et laissez-vous guider. Jusqu'à ce que vous sentiez la tête de votre bébé appuyer en bas, sur votre périnée. Il franchit la dernière porte et sa tête sort, puis ses épaules, son torse et très rapidement le reste de son corps. Vous le prenez dans vos bras pour savourer ce premier contact, lui dire bonjour : « Bienvenue mon bébé, tu es dans mes bras, dans les bras de ta maman. »

Laissez ces images vous imprégner, puis faites-les disparaître petit à petit pour revenir dans le présent, où vous venez de vivre mentalement cette merveilleuse naissance. Ce moment présent où vous le sentez encore bouger dans votre ventre.

La force de suggestion

Notre cerveau fonctionne en fait de manière très basique. Si nous lui insufflons des pensées positives, si nous lui suggérons de porter son attention sur la joie, le bien-être, le cœur, il le fera. La force de suggestion dépasse notre compréhension mentale. Utilisons-la pour vivre au mieux ce voyage au cœur de la vie.

Lâcher prise

Ce terme de « lâcher-prise », nous l'entendons bien souvent sans pour autant pouvoir l'expérimenter. Et pour cause, nous sommes conditionnés pour ne pas lâcher, pour tout contrôler, pour « performer ». Alors, lorsqu'on nous dit cette phrase qui semble magique : « Lâche prise et les choses vont arriver », le sentiment de culpabilité arrive, puis nous restons les bras ballants ne sachant trop comment faire pour y parvenir. Je vous propose de vous pencher sur cette citation :

> « ÊTRE DANS LE LÂCHER PRISE NE VEUT PAS DIRE NE PLUS AVOIR DE VOLONTÉ. »
>
> Shri Ram Chandra

On parle donc de volonté. Comment la volonté peut-elle nous aider, particulièrement lors de la période de la grossesse ? Si je lâche prise, mon premier réflexe sera donc d'abandonner une idée qui m'obsède, par exemple de ne plus me préoccuper de mes maux de grossesse ou de mon couple qui se trouve un peu chamboulé avec ce bébé qui va arriver. Ce n'est pourtant pas, à l'évidence, la solution.

Mettre de côté un problème en pensant lâcher prise est illusoire. L'expérience que nous sommes en train de vivre est bien réelle. Elle est dans notre présent. Il faut donc trouver des solutions, mais elles ne sont pas forcément conscientes. Elles peuvent provenir de l'inconscient, venir d'une personne extérieure, d'une nouvelle attitude que l'on adopte pour changer d'angle de vue. Je crois surtout qu'elles sont éloignées de nos émotions. Lorsque nous sommes plongés dans nos émotions, nous débordons, nous explosons, nous nous noyons parfois. Alors, quand bien même les larmes doivent couler, il vient l'étape d'après qui veut que nous prenions de la distance avec tout cela. J'ai le droit d'avoir mal, de souffrir, de l'exprimer. Puis je dois être capable aussi d'accepter une solution pour me soulager.

Je fais donc le choix, librement et consciemment, d'accepter ce qu'il se passe, puis d'accepter que je ne maîtrise pas tout. Suivant la situation, je peux être aidée et faire en sorte de l'être. De m'ouvrir à cette aide. Nous devons passer parfois par des expériences douloureuses. Mais gardons à l'esprit que ce qui nous arrive est sans doute en train de se passer parce que nous avons les moyens de les surmonter ou, en tous les cas, de les vivre.

Nous avons tous des chemins de vie différents. (C'est ce que les religions indiennes désignent par « karma ». Les lois du Karma expliquent que nous sommes responsables de nos actes. Nous répercutons ce que nous faisons dans cette vie sur les suivantes.) Pourquoi devons-nous vivre certaines expériences et pas d'autres ? Je dirais que nous n'avons pas besoin de le savoir.

Ce qui importe, c'est de trouver les clés en nous. Et parfois, la clé, c'est de s'ouvrir à une personne qui peut nous accompagner. Cela peut être aussi de continuer dans une démarche de soins, de guérison tout en ouvrant son cœur, en écoutant son murmure pour nous guider.

À BOUT DE SOUFFLE

J'aimerais vous parler de mon expérience. Il m'a fallu sept longues années pour tomber enceinte. Pendant ces sept années, je suis passée par des étapes bien différentes, et aujourd'hui, je m'en rends compte qu'elles étaient certainement nécessaires. Je ne souhaitais pas lâcher prise, car je savais que je pouvais y arriver. La guerrière qui était en moi s'est malheureusement pris quelques coups.

Puis j'ai eu moins d'énergie. Mon corps s'est fatigué autant que mon mental. À bout de souffle, j'ai souvent eu envie d'arrêter tous les traitements ou toutes ces interventions chirurgicales, exploratrices.

Je me suis dit que, probablement, si je devais avoir un enfant, ça viendrait et puis c'est tout. Il a fallu que je comprenne qu'il existe un entre-deux. C'est-à-dire que je devais agir, mais que je devais laisser de la place dans mon cœur pour être guidée.

J'ai continué les traitements, encore, mais je me suis mise à ressentir de l'humilité. J'ai remercié mon corps pour avoir subi et pour subir encore, et j'ai mis les genoux à terre, de façon imagée, pour ne plus être la branche solide qui ne plie pas. J'ai gagné en souplesse, en amour aussi, je crois, de celui qui nourrit profondément et qui est doux. Cette douceur m'a accompagnée et c'est ce dont j'avais besoin.

Lorsque l'on est enceinte, il ne faut pas oublier que cette douceur-là, cet amour-là, il ne tient qu'à nous de les introduire dans notre cœur. Nos résistances mentales sont fortes, mais n'oubliez pas que la force de suggestion est immense : « Je suggère à mon être d'accepter avec amour, avec tendresse. Je suggère à mon cœur de s'ouvrir, que l'aide qui m'est nécessaire vienne à moi et que je sois prête à la recevoir. »

Donc, si vous sentez des résistances mentales ou physiques pendant la grossesse, donnez-vous l'occasion d'être plus souple, d'être tendre avec vous-même. Votre corps tiraille en bas du ventre ? Une douleur type sciatique vous incommode ? Cherchez d'abord des réponses à ces problèmes de santé, puis faites en sorte de vous soulager, tout en gardant à l'esprit qu'il ne sert à rien de lutter. Il faut accompagner ce qu'il se passe. Ne vous laissez pas dire non plus : « C'est normal d'avoir mal, c'est lié à la grossesse », dites-vous bien qu'il existe toujours des solutions pour être soulagé.

Lorsque nous avons réussi à trouver des clés pendant la grossesse, il est alors plus simple de les utiliser le jour de l'accouchement. Nous avons expérimenté le lâcher-prise. Le jour J, nous récolterons tout le bénéfice de ces attitudes face à une situation particulière ou difficile.

Je vous propose un exercice simple, pour arriver à prendre le recul nécessaire lorsqu'une situation devient difficile.

Exercice pour expérimenter le lâcher-prise

Installez-vous confortablement et fermez les yeux. Vous allez probablement entendre du bruit autour de vous : le réfrigérateur ou la machine à laver le linge qui tourne, des bruits de voiture à l'extérieur, un enfant qui joue, un chien qui aboie... Nous sommes entourés de bruits en permanence, mais lorsque nous souhaitons trouver le calme et apaiser notre esprit, ils peuvent être très agaçants.

Maintenant, vous allez imaginer une bulle autour de vous, transparente, fine mais solide. Dans cette bulle, sentez l'air qui circule, l'atmosphère douce et protectrice. Cette bulle pourrait presque décoller du sol avec vous à l'intérieur. Plus vous êtes dans votre bulle, plus les bruits extérieurs deviennent lointains. Ils sont présents, mais atténués, de plus en plus.

Vous réussirez donc à accepter une réalité, mais vous changerez votre perception de celle-ci.

Au rythme de mes pulsations

Peut-être avez-vous déjà expérimenté les sons durant la grossesse ? Lorsque vous étiez sous la douche et que vous avez eu envie de chanter une berceuse ? Lors d'un trajet en voiture en écoutant votre CD du moment ?

Notre voix est puissante, dans sa vibration, dans son énergie, dans ce qu'elle véhicule. Si l'on crie ou si l'on chantonne, notre corps ne réagira pas de la même façon, notre bébé aussi. Il est sensible aux vibrations et aux messages que porte la voix. Utiliser tout son potentiel, c'est prendre conscience que tout le corps, dans ses capacités sensorielles et extrasensorielles peut nous amener à un mieux-être.

J'ai connu une sage-femme qui transmettait aux femmes le bonheur du son. Cette sage-femme savait depuis des années, avec tout son bagage, son expérience, que les sons pouvaient être salvateurs. Qu'ils étaient l'un des moyens de s'ouvrir, d'ouvrir son cœur et de laisser chanter son âme. Dans toutes les religions, il y a du chant. Il y a un aspect sacré. C'est pour ainsi dire l'expression intime de l'âme. Elle nous dévoile donc et nous permet d'être connectés à quelque chose de plus grand, quelque chose qui aurait la possibilité de nous « porter ».

Grâce à cette sage-femme, Doris Nadel, je me suis mise à proposer aux couples des séances sur les sons. C'était surprenant de voir et d'entendre les réactions de chacun. On ne s'attend pas à ce que les sons aient autant de pouvoir sur nous. Pour vous permettre de le tester chez vous, voici un exercice tout simple à faire à deux.

« SI TU T'EFFORCES TOUJOURS D'ÊTRE NORMAL, TU NE SAURAS JAMAIS À QUEL POINT TU PEUX ÊTRE EXCEPTIONNEL. »

Maya Angelou

Exercice pour expérimenter les sons

Vous pouvez vous installer en tailleur, confortablement, face à face, suffisamment espacés, de 1 ou 2 m. L'un de vous émettra des sons, puis ce sera au tour de l'autre. L'idée est de vous écouter, les yeux fermés, et de ressentir ce qu'il se passe dans votre être. Pour commencer, choisissez une voyelle, un « O ». Chantez ce « O » en tenant la note. Faites-le plus ou moins grave, puis dans l'aigu. Amusez-vous à changer de tonalité. Puis transformez ce « O » en « ÔM ». Essayez de percevoir s'il y a une différence.

Changez de voyelle et amusez-vous à nouveau à la chanter de différentes manières. Faites-le pour que ce soit agréable à vos oreilles. Rassurez-vous, pas besoin d'être un chanteur chevronné pour cela !

Pendant que vous émettez ces sons, votre partenaire va les ressentir, les percevoir. Pour la maman, il sera intéressant d'observer comment réagit son bébé. Peut-être se manifestera-t-il avec joie sur une certaine voyelle ? Pourquoi ne pas imaginer un prénom si vous n'en avez pas encore trouvé un à partir de cet exercice ?

Une fois l'exercice fini, prenez le temps d'échanger sur ce que vous venez de vivre. Comment avez-vous ressenti tout cela et comment vous sentez-vous maintenant ? À la fin d'une séance, on peut aussi faire des sons ensemble, ce qui procure des sensations nouvelles. Expérimentez !

Se préparer à l'explosion hormonale

Un jour, une nuit, votre corps, votre être tout entier sera prêt. Votre bébé aussi. L'organisme enverra des signaux pour répondre à cet élan de vie. Une contraction, puis une autre, et encore. Elles annoncent enfin la rencontre. Elles annoncent aussi une nouvelle expérience, celle de laisser passer la vie. Alors, pour pouvoir être entièrement réceptive à ce qui va se passer, pour laisser passer, il va falloir en amont vous ressourcer. Faites le plein de belles choses. Profitez de cette période avant le tumulte.

Cela me fait penser aux fêtes de fin d'année ou à un anniversaire surprise : on prépare tout des mois à l'avance parfois, mentalement puis concrètement, en décorant, en achetant de la nourriture, des cadeaux. Souvent, on partage ces moments de préparation avec des personnes que l'on aime. Cette période riche d'échanges, d'excitation, de fous rires, de rêves de l'avant, plus longue que l'événement en lui-même, est importante ; elle mérite que l'on en fasse un moment de joie.

De mon côté, j'ai utilisé ce moment pour prendre un bain. J'aime le contact avec l'eau et la légèreté que cela me procure. J'ai aussi composé ma playlist à écouter pendant les contractions. Cela m'a d'ailleurs beaucoup servi pour gérer les contractions de fin grossesse qui peuvent être intenses, mais qui ne dilatent pas le col. Elles ne donnent donc pas suite à l'accouchement. J'ai un souvenir délicieux de ces soirées où j'avais des contractions et où je dansais sur de la musique. Je sentais mon corps vibrer avec mon esprit et mon cœur. Je me sentais connectée avec mon bébé. J'aimerais revivre tout cela encore et encore. Parce que j'ai fait de ces moments un espace de plaisir. Je me répète, mais nous créons notre bonheur même dans la douleur, voire la souffrance. Aujourd'hui, mon bébé écoute ces musiques avec une oreille attentive, paisible. Je sais qu'il s'est imprégné de ces sons.

La puissance du son, de l'harmonie, des voix, tout cela nous permet de vibrer dans chacune de nos cellules. C'est un moment magique. Découvrez votre musique. Cherchez des sons qui « sonnent » pour vous.

La sphère enchantée

Il y a des moments de vie qui restent gravés dans nos cellules, dans notre cœur. Nous pouvons les multiplier en les créant. Chaque jour, il nous est donné cette opportunité d'être heureux, d'être en harmonie avec ce qui nous entoure. Pour autant, que faire face à des personnes qui n'arrivent pas à voir le monde avec émerveillement et qui impactent sur notre propre bien-être ? Je suggère souvent aux couples qui viennent consulter de créer leur espace, leur bulle, une sphère protectrice.

Exercice de la bulle

Asseyez-vous, la maman entre les jambes du papa, adossée contre son torse, le papa dos au mur, calé avec des coussins, pour pouvoir relâcher tous ses muscles. Ses bras entourent le ventre de sa compagne et elle-même peut poser ses mains sur son ventre. Une fois bien installés, on ferme les yeux. Et on essaie d'être à l'écoute du moment présent. Puis on porte son attention à ce que l'on perçoit sous les mains.

Il s'agit là de ne rien attendre de particulier, mais plutôt de capter l'énergie du bébé, sa présence. Il n'est pas nécessaire de le sentir bouger. Il peut être très calme et apaisé comme vous. Laissez-lui la possibilité de venir vers vous. C'est-à-dire que vous lui laissez de la place. De la place sous les mains, de la place dans votre esprit. Laissez-lui la possibilité de communiquer avec vous, par ses propres moyens. J'insiste sur le fait qu'il ne faut pas s'attendre à quelque chose, car sinon, vous vous focalisez sur une forme d'approche et vous fermez la porte à d'autres.

Laissez le temps se dilater. Prenez ce moment à bras-le-corps, vivez-le simplement. Sentez aussi la présence de votre partenaire.

Quand vous le souhaitez, suggérez que l'amour que vous portez à ces deux êtres qui sont en contact avec vous circule. Il émane de votre cœur, se répand dans vos bras, dans et sous vos mains. Puis laissez cet amour circuler sans plus en avoir conscience.

Imaginez maintenant une bulle transparente qui vous engloberait tous les trois. Une bulle assez grande pour être à l'aise et assez intime pour se sentir protéger. Dans cette bulle, mettez-y de la lumière, de la couleur. Des odeurs qui vous font du bien (de menthe ? d'herbe fraîchement coupée ?...). Vous pouvez aussi visualiser vos autres enfants ou une personne qui remplit votre cœur de joie. Ressentez cette atmosphère apaisante, légère. Respirez l'énergie de la vie à l'intérieur.

Vous pouvez garder cette bulle en permanence même en ouvrant les yeux. Elle est là. Et si vous en avez besoin à un moment plus qu'à un autre, fermez les yeux et retrouvez-la.

« OÙ QUE CE SOIT, IL N'EXISTE PERSONNE QUI NE SOIT CAPABLE DE FAIRE PLUS QUE CE QU'IL NE SE PENSE CAPABLE DE FAIRE. »

Henry Ford

Tester sa confiance

Cette attente est l'occasion de tester sa confiance : celle que l'on se porte, que l'on porte à la vie et que l'on porte à son enfant. Je ne parle pas d'imprudence, ni de risque en aucune sorte. Si vous avez des doutes, consultez pour avoir un avis médical. Je parle de votre capacité à ressentir les choses. Qui connaît mieux que vous votre corps ? Qui sait mieux que vous comment bouge votre bébé dans votre ventre ? Votre corps est capable de vous envoyer des signaux. Simplement, il suffit d'être à l'écoute. Nous en arrivons donc aussi au fait que l'intuition peut vous aider. Certaines femmes ressentent les choses fortement et n'osent pas l'exprimer, car c'est uniquement de l'ordre du ressenti.

AVOIR CONFIANCE EN SES SENSATIONS

Pour illustrer mes propos, voilà un exemple. Je travaillais en garde de jour avec une collègue. Nous avions chacune une maman en travail que nous suivions. Ma collègue suivait une femme qui devenait maman pour la première fois (primipare). Il est connu que les primipares ont un accouchement plus long qu'une femme ayant déjà accouché au moins une fois. La moyenne est de 10 heures pour un premier bébé. Ma collègue me fait comprendre en revenant de la salle d'accouchement que le travail est en route, mais qu'il sera long. Rien de surprenant. Elle venait de l'examiner et le col était dilaté à 4. Il faut 10 cm pour une dilatation complète et on compte 1 cm de dilatation par heure, ce qui laissait encore au moins 6 heures de travail, du moins en théorie.

Or, la sonnette de la salle d'accouchement a retenti à peine 20 minutes après son passage. La maman sentait une envie de pousser. Ma collègue l'a rassurée en lui disant que, probablement, elle avait besoin d'aller aux toilettes, que le bébé faisait de la place pour sortir. Une fois la maman débranchée de ses appareils pour aller aux toilettes, elle se mit à pousser plus fort dès lors qu'elle posa les pieds au sol. Effectivement, elle était en train d'accoucher. Son bébé était là. Tout s'est bien passé, bien sûr.

PERSONNE D'AUTRE QUE VOUS !

Ce qui est important de comprendre dans cet exemple, c'est que le corps médical n'est pas compétent pour ressentir ce que vous ressentez dans votre propre corps. Ce que vous pressentez. Faites entendre votre voix. Faites-vous confiance. Même si c'est la première naissance et que vous ne savez pas ce que vous devez ressentir, vous êtes tout de même la seule à recevoir les signaux de votre corps, de votre être tout entier et ceux que le bébé essaie de vous transmettre aussi. Si vous pressentez quelque chose, verbalisez-le. C'est valable évidemment pendant la grossesse aussi, et j'ai envie de vous dire durant toute votre vie !

Se faire confiance est un réel cadeau que l'on se fait. En faisant l'impasse là-dessus, le stress et l'angoisse peuvent vite venir remplacer un sentiment de paix intérieure. Notre corps a besoin de sécréter des hormones de détente pour l'accouchement. Les hormones du stress étant les antagonistes, ils bloquent ou freinent le début du travail, l'accouchement, la naissance.

Prenez le temps d'être là, dans ce moment présent. Dites-vous que le moment de la naissance arrivera quand tout sera aligné, comme l'ont prévu votre corps et celui de votre bébé. Il y a pléthore de facteurs qui font que la naissance va se passer à ce moment-là, dans ces circonstances. On ne les maîtrise pas, d'où l'importance d'avoir confiance.

On a souvent envie d'accoucher plus tôt que la date prévue en début de grossesse. Mais cette date est donnée avec une marge d'erreur plus ou moins grande. Observez votre corps, admirez à quel point la nature a bien fait les choses. La peau a su s'étirer sur l'arrondi du ventre, vos seins sont prêts à allaiter, votre périnée s'est imbibé d'hormones pour laisser passer le bébé. Tout votre corps fait vivre votre bébé depuis 9 mois en son sein et, en même temps, se prépare à lui permettre d'en sortir.

Comment douter de son efficacité ? Il arrive, c'est vrai, que certains organismes soient défaillants, car déséquilibrés. Souvent à cause de notre hygiène de vie, parfois à cause de facteurs environnants ou de traumatismes, ou encore de pathologies préexistantes. Et dans ces cas-là, l'incroyable « machinerie » peut être mise à mal. Mais si vous êtes en bonne santé, que vous faites attention pour continuer à l'être, votre corps est capable de faire des choses incroyables. Et encore, j'ai du mal à croire à la fatalité tellement j'ai déjà été surprise de constater à quel point le corps est capable de se régénérer.

6

LE JOUR J, DANS LES STARTING-BLOCKS !

« J'ai confiance en mon corps, en ses capacités. J'écoute ce qu'il me transmet. Je voyage, je danse avec lui. » Découvrez maintenant comment vivre dans votre corps, votre cœur et votre esprit, découvrez la naissance physiologique.

Accueillir mon bébé en toute conscience

Être actrices de l'accouchement nous permet de rester aussi connectées avec l'essentiel : l'énergie de la naissance.

Nous sommes immergées dans cette énergie. Nous sentons notre corps donner vie. Nous sentons notre bébé prendre le chemin qui le conduira dans nos bras. L'accompagnement se joue sur plusieurs niveaux : physique, psychique, spirituel. Notre cœur bat à l'unisson avec cette force de vie qui jaillit en nous.

Pourquoi est-ce différent avec une péridurale ? Parce que les produits anesthésiants assomment l'esprit, coupent les liens avec le corps. Combien de femmes ressentent l'envie de dormir juste après la pose d'une péridurale ? Beaucoup. J'oserais même dire la majorité. On est allongées, immobilisées, analgésiées. On ne vit plus dans notre corps, car il ne nous appartient plus totalement.

Le bébé, lui, se situe dans cette zone devenue « inoccupée » par le manque de circulation d'influx nerveux, d'énergie. C'est donc un cadeau de pouvoir vivre la naissance en pleine conscience, avec tout son potentiel, toute sa force.

Encore une fois, il ne s'agit pas de généraliser ni de dénigrer la péridurale, mais d'être conscientes de son impact. Ce n'est pas parce que nous choisissons telle ou telle solution que nous devons en ignorer les conséquences.

Je dois préciser à nouveau que chaque femme est différente, que l'essentiel est de bien vivre la naissance. En faisant des choix éclairés, cela me semble possible.

Je suis actrice de mon accouchement

Lorsque la maman ressent ce qu'il se passe dans son corps lors de la naissance, elle peut ajuster de façon spontanée sa posture, ses mouvements. Ainsi, elle permet à son bassin de s'ouvrir et de s'adapter à la descente du bébé.

Par exemple, dans la première partie du travail, la maman ouvrira la partie postérieure, en ramenant les genoux, ou un genou, vers l'intérieur. De ce fait, les ischions seront dans leur plus grand diamètre. Pour l'expulsion du bébé, la maman aura tendance à ouvrir les genoux pour libérer la partie antérieure. Les ischions seront donc dans leur plus petit diamètre d'ouverture. Spontanément, vous savez ; intimement, vous savez ; instinctivement, vous savez. Les mamans n'ont pas conscience que ce geste permet d'ouvrir l'espace du bassin, et pourtant, elles le font.

Nos corps abritent un potentiel qui dépasse nos concepts, nos idées, nos croyances. Il est bon de s'en rappeler encore et encore. Être actrice de son accouchement, c'est avoir la possibilité de danser avec la vie. Oui, de danser. Vous êtes dans ses bras et vous laissez le rythme vous entraîner. Vous pouvez fermer les yeux et écouter la mélodie de la naissance. Vous pouvez vous laisser transporter par cette force. Vos gestes sont guidés, orchestrés par un magicien, un maestro. Certains passages seront plus rapides, d'autres plus lents. Votre souffle sera coupé, puis profond.

Tout cela est possible parce que vous avez accepté la danse. Parce que vous avez envie de caler les battements de votre cœur avec le tempo de la vie. Cette danse était programmée depuis toujours. Vous l'imaginiez durant ces derniers mois. Vous ne saviez pas si ce serait un tango, un rock ou une valse. Mais vous étiez prête à danser. La vie est le mouvement.

Les positions pour accoucher

Lorsque l'on est libre de ses mouvements, le corps parle tout seul. Spontanément, on va adopter la position qui va nous soulager, celle qui aidera le bébé à bien s'engager dans le bassin. On est en harmonie avec notre corps. C'est valable pendant tout le travail des contractions, mais aussi à la fin, lorsque le bébé arrive.

Il existe donc une multitude de positions d'accouchement avec des déclinaisons pour chacune d'elles.

DEBOUT, LES JAMBES LÉGÈREMENT REPLIÉES

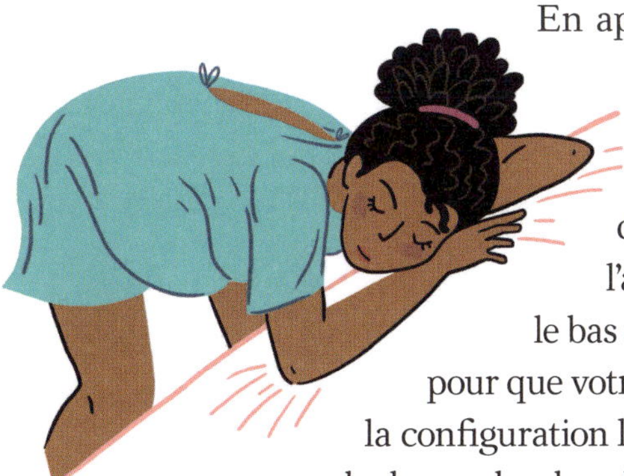

En appui sur le rebord d'une table par exemple. Cette position est intéressante pour permettre au poids du bébé d'être projeté vers l'avant et vous soulager ainsi le bas du dos. Elle sera aussi utile pour que votre bébé se positionne dans la configuration la plus facile pour lui, afin de descendre dans le bassin : le dos vers votre ventre et sur le côté gauche. L'inconvénient de cette position reste la fatigue musculaire au niveau des jambes. Lorsque la naissance est imminente, vous baisserez spontanément votre bassin, de façon à plier davantage les jambes.

DEBOUT EN EXTENSION

Accrochée à une écharpe de portage, elle-même suspendue au plafond. L'étirement vous soulagera le dos et les muscles abdominaux aideront aussi le bébé à bien s'aligner avec le bassin. Cette position est difficile à tenir, mais elle vous soulagera. Vous aurez envie, très probablement, de baisser votre bassin au moment de l'expulsion. Votre bassin sera alors en dessous de vos genoux, permettant aussi d'ouvrir le périnée antérieur pour laisser le passage au bébé.

ACCROUPIE

Adossée dans les bras de son conjoint. Cette position est très appréciée, car vous êtes soutenue si votre compagnon est derrière vous. Il peut aussi se placer devant vous afin que vous vous adossiez sur ses épaules. Vous pouvez vous-même accueillir votre bébé et gérer sa sortie en plaçant une main sur votre périnée. Généralement, on glisse un oreiller entre le bassin et le sol pour accueillir le bébé avec ses mains.

ASSISE SUR UN TABOURET D'ACCOUCHEMENT

Le tabouret présente l'avantage de pouvoir soulager ses jambes, mais il a l'inconvénient de créer un œdème au niveau du périnée si la poussée est trop longue. N'hésitez pas à bouger, changer de position et à revenir sur le tabouret sur la fin.

À QUATRE PATTES

Cette position est probablement celle qui est la plus utilisée par les femmes lorsqu'elles sont libres de leurs mouvements et qu'elles se sentent en sécurité. Le dos est soulagé, le périnée postérieur est moins sollicité, et par conséquent, on observe moins de déchirures (épisiotomie rarissime dans cette position). Toutefois, il ne faut pas hésiter à bouger, pour soulager les bras et les genoux. Le compagnon peut d'ailleurs glisser des oreillers sous les points d'appui.

UN GENOU POSÉ AU SOL ET LE HAUT DU CORPS EN APPUI SUR UN TAS D'OREILLERS

Les positions asymétriques peuvent être d'une grande aide pour aider un bébé à naître lorsque les diamètres du bassin sont contraignants pour lui ou lorsqu'il a placé sa tête de façon asynclite (penché d'un côté ou d'un autre) ou si elle est mal fléchie.

ALLONGÉE SUR LE CÔTÉ, EN TENANT UNE DE SES DEUX JAMBES REPLIÉE VERS SOI

Cette position permet au corps d'être plus relâché, du fait que l'on se retrouve allongée et qu'il n'y a pas de tension musculaire au niveau des membres. Seule une jambe doit être tenue en la ramenant vers soi et vers l'extérieur, pour laisser passer le bébé. Votre compagnon peut vous aider à tenir cette jambe pour vous soulager. Entre les contractions, vous pouvez la reposer sur le matelas. Dans cette position, l'idée est de bien « enrouler » votre dos, pour effacer la cambrure au maximum. Vous pourrez voir la tête de votre bébé progresser vers la sortie.

SEMI-ALLONGÉE, LES JAMBES PLIÉES ET RAMENÉES VERS SOI

Cette position peut être confortable. Veillez toutefois a ne pas être assise sur un plan dur, pour laisser le coccyx se rétropulser au passage du bébé. Vous pouvez glisser un oreiller, par exemple, sous les fesses.

SEMI-ASSISE, SUSPENDUE À UNE BARRE, LES JAMBES REPLIÉES

Cette position permet d'utiliser la barre pour enrouler son dos et effacer la cambrure. Les genoux sont bien au-dessus du bassin, ce qui favorise la naissance.

EN SUSPENSION DANS L'EAU

Dans une position qui se rapproche de la position assise. L'eau permet au corps de se soulager de la gravité, de créer une détente musculaire et d'apaiser la maman. Elle permet aussi au bébé d'effectuer une transition plus douce : il passe du liquide amniotique à l'eau de la baignoire (ou de la piscine).

Le mental *versus* le corps : un duel jusqu'au K.-O. !

Dans notre vie de tous les jours, nous avons à cœur de vouloir contrôler les situations qui se présentent. On se lève à telle heure, on mange ce petit déjeuner-là, on part travailler dans tel bus… Bref, notre journée est rythmée par des habitudes, des points d'ancrage qui nous rassurent et facilitent le quotidien.

Ce qui est incroyable avec la grossesse, et plus particulièrement l'accouchement, c'est que l'on peut enfin expérimenter totalement le lâcher-prise !

Oh, ça ne se fera pas sans mal ! Nous sommes trop habitués à contrôler. Mais le corps nous poussera à lâcher ce mental.

Comment va-t-il s'y prendre ? En nous épuisant ! Oui, l'organisme est doué d'une intelligence qui nous dépasse !

Comment cela fonctionne ? C'est très simple. Le corps sait donner naissance. C'est inscrit au plus profond de chacune de ses cellules. Par contre, la partie de notre cerveau qui contrôle, le néocortex, ne le sait pas. Il a vu des images à la télévision, dans des séries, dans des films, il a écouté et lu des récits de naissance. Mais il ne sait pas comment faire pour utiliser ces informations (très restreintes) pour les mettre en pratique.

Donc, il ne faut pas que le mental interagisse sur le corps, pour que ce dernier puisse œuvrer en paix.

Une des façons les plus radicales pour ne pas parasiter le processus de la naissance est de laisser le mental s'épuiser. Alors, les contractions durent, durent et durent encore. Jusqu'au moment où la phrase magique arrive, lorsque la maman annonce avec désespoir : « Je n'en peux plus ! Je n'y arriverai pas… »

Victoire ! La partie préfrontale du cerveau a parlé : elle n'en peut plus ! En tant que sage-femme, je suis ravie d'entendre la maman « rendre les armes », si je peux employer cette expression. Parce que oui, jusqu'à maintenant, son mental bataillait pour maîtriser la situation. Et là, nous voilà enfin dans une nouvelle phase, où le corps prend le relais. Généralement, 1 heure après, bébé est là !

Finalement, une péri…

Donnez-vous la permission de vivre un scénario différent de ce que vous aviez projeté. D'ailleurs, c'est toujours la meilleure attitude à avoir pour qu'un projet puisse se réaliser. En effet, plus vous serez « adaptable », plus votre esprit, votre corps et votre cœur seront ouverts. *A contrario*, si vous êtes réfractaire à un changement de « plan », cela créera fatalement une fermeture. Votre corps se crispera, votre cerveau luttera, la panique vous gagnera sûrement.

Lorsque j'accueille des mamans en salle d'accouchement, je sens intuitivement si elles sont prêtes ou non à s'ouvrir pour la naissance. Et lorsque ce n'est pas le cas, cela se traduit souvent par une forme de rigidité : « Nous avons fait un projet de naissance et nous ne voulons pas qu'il en soit autrement », « Nous ne souhaitons pas d'intervention, aucune, on a déjà subi trop de médicalisation pour notre premier, on ne veut plus. »

Pourquoi est-ce que je perçois ces phrases comme un signe de « fermeture » ? Parce que les parents sont porteurs de stress, ils n'interagissent qu'en formulant des phrases négatives et on sent que leur seuil de confiance en eux et en nous est faible.

C'est important de travailler en amont, sur vos blessures passées, pour pouvoir évacuer des tensions, mettre des mots sur un vécu difficile. Mais il faut le faire avant le jour J. Car ce jour-là, vous serez envahie par le cocktail d'émotions lié à la naissance. Et on ne peut que difficilement se défaire de ce côté négatif pour se réaligner, se recentrer et vivre pleinement la naissance.

Alors oui, évidemment, vous pouvez faire un projet de naissance, je vous y encourage même, mais restez dans l'ouverture. Car ni moi, ni vous, ni la sage-femme présente le jour J ne peuvent savoir comment ça va se passer. Peut-être que votre bébé a lui aussi choisi la façon dont il veut naître ! Il y a tellement de facteurs qui peuvent interférer dans un projet. Mais plus vous serez souple, plus vous aurez de chance d'être au plus près de vos envies, de vos besoins, de vos désirs.

Restez connectée avec votre cœur, oubliez votre mental de temps à autre. Offrez-vous un voyage sans feuille de route. Vous connaissez la destination, c'est l'essentiel. Après, rassurez-vous et laissez-vous porter par la magie de la vie.

Je me sens prête, mais le suis-je vraiment ?

Concrètement, nous ne sommes jamais vraiment prêtes. Simplement parce que nous ne savons pas comment ça va se passer dans notre corps (même si vous avez déjà accouché, chaque naissance est différente). Mais aussi parce que nous ne savons pas dans quel état nous serons à ce moment-là. Serons-nous détendues, stressées par un événement familial, fatiguées... ? Il y a énormément de paramètres qui vont entrer en ligne de compte. Mais qu'importe, la vie est faite de tous ces imprévus. Alors pas de panique, l'idée sera de se préparer mentalement à accepter que tout ne soit pas linéaire, contrôlé, cadré. C'est aussi ça la magie de la naissance, la laisser nous embarquer. Se laisser porter par la vague.

> « MONTEZ LA PREMIÈRE MARCHE AVEC FOI. NUL BESOIN DE VOIR TOUT L'ESCALIER, MONTEZ SIMPLEMENT LA PREMIÈRE MARCHE. »
>
> Martin Luther King Jr.

Newton s'invite à mon accouchement !

Il y a des lois qui s'appliquent à tous et en toute occasion, notamment pour l'accouchement : les lois de la physique. Newton et sa pomme vont vous être d'une grande aide !

La liberté de mouvement va faciliter la descente du bébé parce que vous créerez des ouvertures avec votre bassin, mais aussi parce que vous allez utiliser la loi de la gravité. Le poids du bébé permet de solliciter le col, car il appuie sur celui-ci. La dilatation se fait alors plus facilement. Lorsque vous adoptez des postures verticales, vous permettez donc que l'accouchement soit plus rapide et moins douloureux. Pourquoi moins douloureux ? Imaginez-vous dans la position allongée sur le dos. Le poids du bébé exerce toujours une pression, si ce n'est qu'elle s'exerce non pas sur le col, mais dans le bas du dos.

En réalité, le poids de votre bébé « écrase » les nerfs, les tissus et empêche en partie, voire totalement dans la dernière phase de l'accouchement, le coccyx de se rétropulser, c'est-à-dire de se projeter en arrière pour augmenter les diamètres du passage dans le bassin. Les femmes qui restent en position allongée demandent très vite une péridurale, car la douleur est plus forte. C'est pour cela qu'il faut que vous vous autorisiez à bouger, à écouter les sensations de votre corps pour adopter une position antalgique.

POUR UNE NAISSANCE « RAPIDE »

Je me souviens encore d'une femme, en salle d'accouchement, qui n'avait pas pu quitter la table et était restée allongée pendant de longues heures, sans péridurale. Ma collègue, qui suivait cette maman, m'expliquait qu'elle craignait que ça stagne trop, que le bébé souffre d'un travail trop long. Je me suis rendue dans la salle d'accouchement pour aller la voir. Elle se tortillait sur la table et cherchait désespérément une position pouvant la soulager. Elle semblait, elle aussi, désespérée de n'être « qu'à 6 cm de dilatation ». Je lui ai donc proposé de se lever. Elle a accepté et elle en a profité pour aller aux toilettes. Elle est revenue 15 minutes plus tard. À peine installée sur la table, elle s'est mise à pousser et le bébé était là.

Après coup, je lui ai quand même demandé ce qu'elle avait fait aux toilettes ! Elle m'a avoué qu'à ce moment-là, elle s'est sentie libre de ses mouvements, isolée du monde, des regards et du bruit. Elle m'a montré les mouvements amples de balancement faits avec son corps. Bravo ! Elle a su s'isoler et se connecter à ce qu'il se passait dans son corps.

L'épisiotomie ? Pas pour moi ! J'accouche sans péri !

Il y a tellement d'avantages à accoucher sans péridurale, dont celui d'éviter plus souvent une épisiotomie, voire d'avoir un périnée intact, c'est-à-dire sans déchirure ni lésions. Pourquoi ? Parce que vous serez capable d'accompagner la sortie du bébé, contrairement à une femme qui a une péridurale et qui ne sent pas ou très peu son bassin, son périnée. Vous allez peut-être faire des bonds en lisant ces lignes, mais j'ose quand même les écrire. La douleur ressentie au niveau du périnée vous permettra de guider votre respiration et votre poussée pour protéger vos tissus. Oui, la « douleur » est un de nos meilleurs guides.

Imaginez que vous ne ressentiez plus la douleur. Pensez-vous que vous pourriez vivre longtemps ? Le fait de ne pas avoir de « signal d'alarme » grâce à la douleur diminue l'espérance de vie. C'est ce qui est observé chez des personnes atteintes d'insensibilité congénitale à la douleur, due à une mutation génétique.

Donc, lorsque nous ressentons pendant l'accouchement que la tête du bébé appuie très fort en bas, sur le périnée, nous allons adopter une position un peu différente pour nous soulager et nous allons respirer différemment. Tout notre corps va répondre à cet influx nerveux de la douleur pour essayer de l'atténuer, et donc de protéger le périnée. La sensation de la douleur et de l'étirement du périnée sera donc notre guide.

Maman louve, tigresse ou lionne : qui suis-je au moment d'accoucher ?

J'ai toujours adoré imager ce moment fort de la naissance. Car oui, rappelons-nous que nous sommes des mammifères. Nous réagissons instinctivement si nous ne sommes pas coupées de notre corps (donc s'il n'y a pas de produits anesthésiants).

Chaque femme est différente, c'est pourquoi j'ai pu observer des femmes qui m'inspiraient soit les traits, l'attitude ou les qualités d'une louve, d'une tigresse ou d'une lionne. Ce que j'aimerais vous dire, c'est qu'il ne faut pas avoir peur de ses instincts, de sa pulsion de vie.

Nous réagissons en fonction de notre être profond, de notre héritage génétique, transgénérationnel, de notre environnement, notre culture, nos croyances… Alors il faut se libérer de notre mental qui refuse souvent de faire la bascule entre la partie du cerveau qui veut contrôler, le néocortex, et la partie la plus instinctive, le reptilien.

Quel animal « totem » pensez-vous incarner ?

Maman louve

La maman louve est très intuitive, a besoin de s'isoler. C'est une maman qui aime sa liberté, qui écoutera en priorité son corps et ses intuitions.

Maman tigresse

Les mots qui viennent sont force, courage, action. Ce sont des mamans qui occupent l'espace, qui « occupent » leur corps. Elles sont bien incarnées dans leur corps. Elles peuvent être en proie à des sentiments ou des émotions qui les dépassent rapidement. Elles ont besoin de sentir une présence permanente à leur côté.

Maman lionne

Autant on perçoit la force de la maman lionne, autant on peut percevoir les tensions qui peuvent être présentes chez elle. Souvent, le chant, la musique, les massages aident ces mamans à calmer ces tensions pour ne pas qu'elles deviennent oppressantes.

Pensez-vous à un autre animal totem qui vous correspondrait mieux ? Une fois choisi, gardez-le en tête. Il pourra vous servir le jour J, pour vous rattacher à toutes ses qualités, le visualiser et vous l'approprier.

La magie de la naissance : récit d'un accouchement que j'ai accompagné en tant que sage-femme

J'arrive chez Marion, qui va accoucher de son deuxième enfant chez elle. C'est un beau projet qu'ils ont tissé, elle et Fabien, son compagnon, tout au long de ces 9 mois.

Le ventre se contracte régulièrement, le bébé s'engage dans le bassin et Marion commence à faire les « sons de la naissance ». J'aime entendre ces sons, ces vocalises qui me guident aussi en tant que sage-femme, pour savoir où en est le col dans sa dilatation, pour sentir dans quelle énergie se trouve la maman et comment le travail progresse.

Elle souhaite aller dans l'eau pour donner naissance à son bébé. Flavien a déjà fait couler l'eau du bain à bonne température. Il a pris le temps d'allumer quelques bougies au bord de la baignoire en plus de l'éclairage qu'il a soigneusement tamisé.

Flavien semble détendu, et pourtant, on sent que toute son attention est captée, tout son être est focalisé par ce qu'il se passe. Ses yeux ne quittent pas Marion. Il la regarde s'immerger dans l'eau. Le ventre dépasse à peine. Elle se détend, se relâche. Les contractions sont puissantes, efficaces, mais l'eau crée une vague de bien-être et de douceur qui lui permet de vivre tranquillement la fin du travail.

De mon côté, j'observe, mes gestes sont doux et je prends mille précautions pour me faire discrète tout en étant présente, bienveillante. J'admire le tableau qui se trouve juste là, devant moi : cette famille qui s'agrandit, ce bébé qui commence à sentir sur le haut de son crâne une sensation nouvelle. Je vois ses cheveux.

Nous sommes tous submergés par ce cocktail d'émotions, qui nous procure de la joie, du bonheur, de l'excitation. On se sent happés par ce moment, comme si nos cœurs ralentissaient alors même qu'ils battent la chamade. Oui, à ce moment-là, tout est au ralenti, tout est suspendu. On vit les secondes, chaque seconde. On sent que notre émerveillement dépasse les limites de notre corps, comme si toute la pièce vibrait de cette énergie. La tête est prête à sortir entièrement.

Et puis, tout à coup, c'est le noir absolu ! Il nous a fallu un petit temps pour que nos yeux refassent une mise au point. La tête de bébé est sortie et le compteur électrique a disjoncté à ce moment précis ! À la lueur des bougies, Marion attrape son bébé sous les bras avec mon aide et l'amène enfin sur sa poitrine, peau à peau. On ne parle pas, on est en train de réaliser qu'un miracle vient encore de se produire sur terre.

Le bébé, lové sur sa mère, ouvre grand les yeux. Il découvre la forme du visage de sa maman. Il n'a aucun mal à le faire, car du coup, il n'y a plus de lumière artificielle pour l'éblouir.

L'intimité de ce moment magique est un vrai cadeau.

Aujourd'hui, Nathan a 8 ans. Je t'envoie mille baisers lumineux. Merci pour cette naissance que tu nous as fait vivre, tamisée et magique.

Vos questions

Je souhaite accoucher dans une maternité. Comment mon compagnon peut-il m'aider lors des contractions ?

Tout d'abord, j'aimerais préciser à nouveau qu'il est très appréciable d'avoir fait des séances de préparation à la naissance en couple. Si la sage-femme peut vous réserver au moins une séance rien que pour vous, c'est encore mieux ! En effet, toujours dans l'optique d'être au plus proche de vos besoins et de vos envies, une séance personnalisée vous aidera d'autant plus.

Si ce n'est pas possible, nous avons la chance à notre époque de trouver quantité d'informations sur Internet, dans les livres ou par le biais de DVD. Vous pourrez trouver à la fin de ce livre des références pour vous guider.

Le papa a donc une place importante : sa place en tant que père et compagnon. Il sentira probablement le besoin de vous protéger. Le cerveau reptilien fait ressurgir notre animalité et est beaucoup plus sollicité lorsqu'il s'agit de protéger sa famille, sa progéniture. Il sera donc particulièrement sensible à ce que la « sécurité », telle qu'il l'entend et telle qu'il la perçoit, soit au rendez-vous.

Ainsi, il veillera à ce que l'environnement soit optimal. Lorsqu'il sentira que vous êtes en sécurité, maman et bébé, il pourra apporter du confort.

Il pourra aménager la salle d'accouchement avec l'aide de l'équipe : matelas, coussins, musique, tout peut être disposé afin de faciliter les postures et la détente. Il peut demander à l'équipe de remplir la baignoire si la salle d'accouchement en dispose, sinon proposer une douche, pour bénéficier des bienfaits de l'eau.

Le papa peut aussi pratiquer les massages ou les points d'acupression qu'il aura éventuellement appris lors des séances de préparation à la naissance. Il pourra, s'il le souhaite, faire des sons avec vous, utiliser des techniques telles que l'haptonomie. Il pourra vous soulager également, en vous permettant de vous suspendre à lui, de vous étirer, de vous reposer sur son épaule.

Sa présence seule sera déjà un atout majeur, très certainement, comme une bouée dans l'océan. La maman pourra « s'ancrer » à lui. Au-delà de la présence, tout le langage non verbal sera important : il vous inspirera de la sérénité, de la confiance (si lui-même, comme je le disais précédemment, ressent ce sentiment de sécurité dans l'environnement où vous vous trouvez tous les trois). Ensuite, la spontanéité, la complicité de votre relation seront une aide précieuse : un regard, une blague entre deux contractions pour arriver à prendre un peu de distance avec votre mental qui lutte. Le fait de vous toucher pourra vous transmettre une sensation forte de réconfort. Vous pourrez vous sentir contenue, rassurée.

Il y a une multitude de petits gestes, de paroles qui pourront vous accompagner, autant que la qualité de la présence (posée, aimante, sécurisante).

Le papa n'est pas là que pour la maman. Il est aussi là pour son bébé. L'haptonomie peut être un bel outil au moment de la naissance. Mais sans en avoir fait, on peut aussi être très présent pour lui et avoir un toucher qui « prend contact » avec le bébé.

J'ai souvent observé à quel point le papa était précieux de par sa relation avec le bébé. Il arrive que le bébé présente des signes de « fatigue », voire de souffrance lors de la naissance. Nous pouvons le constater avec le monitoring, qui permet d'obtenir un tracé du rythme cardiaque fœtal.

Le rythme cardiaque fœtal

Le rythme cardiaque fœtal se situe entre 120 et 160 bpm (battements par minute). Contrairement à celui d'un adulte, il est très variable et réactif. Parfois, lorsque le bébé est en difficulté, son rythme cardiaque décélère.

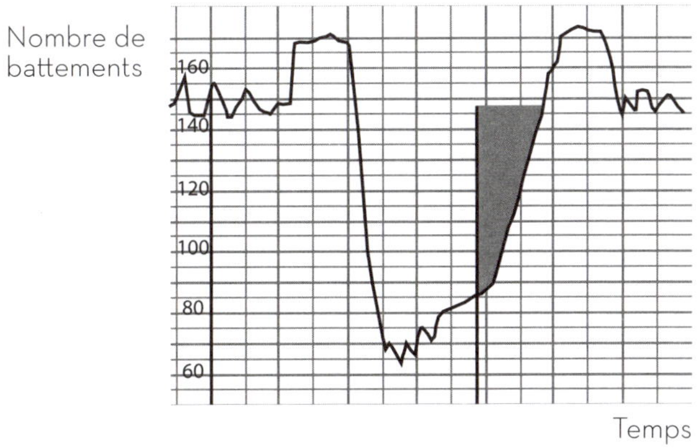

C'est ce que nous pouvons observer sur ce schéma : le rythme diminue en dessous de 90 bpm. Très rapidement, on le voit remonter et revenir à un rythme normal.

J'ai observé que, si le papa mettait ses mains sur le ventre de la maman et qu'il prenait contact avec le bébé, le rythme remontait beaucoup plus vite que d'ordinaire. Le bébé a besoin d'être rassuré et de sentir qu'il n'est pas seul à voyager. Le contact de son père lui permet de sentir son amour et sa protection.

Si le papa n'est pas présent lors de la naissance, la maman peut aussi le faire.

Mémo : aspect pratique pour l'arrivée en maternité

Le papa sera le lien entre vous et l'équipe, il répondra aux questions et apportera les éléments nécessaires pour le dossier de grossesse (résultats d'analyse sanguine, carte vitale et de mutuelle, échographies...).

Est-ce que mon compagnon peut m'aider au moment où notre bébé naîtra ?

Certains papas ressentent l'envie de participer activement à l'accueil du bébé. Nombreux sont ceux qui m'ont demandé de prendre le bébé au moment où il naît. Évidemment, c'est tout à fait possible dès lors que la naissance se passe bien.

En réalité, il n'y a pas de gestes techniques essentiels à une naissance qui se déroule bien. Le bébé est expulsé par l'utérus, il descend dans le bassin, puis franchit la dernière étape du périnée avant de naître. Il effectue seul sa rotation. Lorsque la tête est sortie, il continue de pivoter afin que ses épaules soient dans l'axe pubo-coccygien. L'épaule antérieure se dégage la première, puis l'épaule postérieure. Le reste du corps sort rapidement ensuite, car la partie la plus « large » est la tête. Donc, nous n'avons qu'à placer nos mains de façon à accueillir le bébé.

Pour les papas qui ne souhaitent pas réceptionner le bébé, ils peuvent bien entendu soulager leur femme dans sa posture, par exemple, lui maintenir une jambe si elle en ressent le besoin, lui permettre de se poser sur son torse en se plaçant derrière elle, la soutenir sous les bras si elle est en position accroupie, lui permettre de se suspendre à lui si vous êtes face à face...

Nous avons fait le choix de faire naître notre bébé à la maison. Y a-t-il des choses à préparer pour vivre cet accouchement le plus naturellement possible ?
Oui, tout à fait. Comme je l'ai dit précédemment, vous pouvez déjà rendre le lieu agréable et confortable. En général, j'aime bien conseiller aux parents, et plus particulièrement aux papas, de préparer des petits encas, des boissons.

L'idée est de pouvoir bénéficier de sucres rapides dès lors que la maman en ressent l'envie, le besoin. Vous pouvez aussi préparer des jus de fruits frais, de l'eau ou des tisanes.

Votre sage-femme vous aura aussi préalablement donné une liste de choses à faire ou à acquérir.

Lorsque votre lieu de vie sera prêt, que vous aurez gagné en confiance, que vous aurez pris conscience de vos compétences, de votre potentiel, alors à ce moment-là, vous aurez mis en place ce qu'il faut pour vivre une naissance heureuse et naturelle.

UN PETIT COCON

Pour la naissance, veillez à chauffer la maison, suivant la saison, aux alentours de 25 °C. Vous pouvez aménager et prévoir une ambiance zen pour vous sentir dans un cocon sécurisant (musique, oreillers, lumière tamisée...).

Vous pouvez aussi protéger le matelas du lit, le canapé et le sol avec des alèzes que vous trouverez en pharmacie. Pour une naissance dans l'eau, il est possible que votre sage-femme vous propose une piscine spécialement conçue pour cela. Si ce n'est pas le cas, elle pourra vous aider à en trouver une. L'eau doit être chauffée à 36,8 °C dans l'idéal.

Il faudra penser aux serviettes et à disposer un tapis de sol pour la sortie de l'eau.

DU CARBURANT !

Pendant les contractions, vous serez heureuse de pouvoir vous rafraîchir et vous alimenter suivant vos envies et vos besoins. Il sera intéressant de préparer :

- des petits ramequins avec divers aliments comme des fruits secs, des oléagineux, des fruits frais, des crudités...

- plusieurs boissons comme de l'eau fraîche, des jus de fruits fraîchement pressés, des tisanes.

Pour les jours qui suivront la naissance, préparez quelques plats que vous placerez au congélateur. Cela vous permettra d'être soulagée dans les tâches quotidiennes les premiers temps.

POUR VOTRE SAGE-FEMME

- La liste des produits prescrits sur l'ordonnance (voir ci-contre un exemple de prescription).

- Des ampoules d'ocytocine de synthèse qui seront conservées dans le réfrigérateur (utilisées uniquement en cas d'urgence).

- Le dossier de grossesse complet avec votre carte vitale, carte ou attestation de mutuelle, votre carte d'identité, le livret de famille ou la reconnaissance anticipée du papa, votre carte de groupe sanguin.

- Une bassine pour récupérer le placenta.

- Deux sacs poubelles pour éliminer au fur et à mesure les alèzes.

POUR LA MAMAN

- Une huile de massage ; un brumisateur.

- Des grandes serviettes hygiéniques ; des slips en coton ou des slips jetables.

- De l'argile blanche en poudre ; une pommade en prévention des crevasses et au moins un soutien-gorge d'allaitement si vous allaitez.

POUR LE BÉBÉ

- Le nécessaire pour le langer et l'habiller (notamment du liniment oléo-calcaire, un bonnet, des chaussettes...).
- Deux serviettes éponge douces et sombres.
- Une étole en soie pour accueillir bébé après la naissance, une fois séché. Elle gardera bien la chaleur et son contact est très doux.
- Pour les soins de bébé, vous aurez besoin de dosettes de sérum physiologique, de cotons-tiges spécifiques au bébé, de petits carrés de tissus lavables ou de compresses, d'un thermomètre digital.

Exemple de prescription

- 2 boîtes de 25 compresses stériles 10 x 10 et 7,5 x 7,5
- Grandes alèzes 60 x 90, 1 paquet de 30
- Calendula en teinture-mère, 1 flacon

La prescription est en général complétée par de l'homéopathie (Arnica montana, Actea racemosa, Chamomilla, China...) et adaptée aux besoins.

Pourrais-je attraper mon bébé moi-même si je sens bien mon corps ?

Oui, c'est un des nombreux avantages d'accoucher sans péridurale : être libre de vos mouvements et pouvoir adopter une posture qui vous permettra de sentir la progression de votre bébé. Vous pourrez placer l'une de vos mains sur sa tête qui se dégage du périnée ; dès lors, vous pourrez aussi percevoir comment votre respiration peut protéger votre périnée, en l'adaptant. Votre autre main viendra spontanément se placer pour récupérer votre bébé. Si vous êtes accroupie par exemple, il est possible de glisser un oreiller entre vous et le sol afin de l'accueillir tout en douceur au cas où l'expulsion est rapide. Votre sage-femme pourra aussi guider vos gestes si vous le souhaitez.

Est-ce que l'accouchement dans l'eau permet de mieux vivre une naissance sans péridurale ?

L'eau apporte énormément de bienfaits pour l'accouchement. Elle permet au corps de s'alléger de la pesanteur grâce à la flottaison (ce qui est non négligeable en fin de grossesse !). L'eau chaude, qui se situe à 36,8 °C dans l'idéal, permet aux muscles du corps de se relâcher, de se détendre.

Vous bénéficierez d'une détente plus importante entre les contractions. Elles pourront vous paraître plus atténuées, les postures seront facilitées grâce à la facilité de vos mouvements dans l'eau. Votre compagnon pourra entrer dans l'eau aussi pour vous accompagner si l'espace le permet.

Au moment de la naissance de votre enfant, votre périnée sera lui aussi plus détendu. L'amoindrissement des résistances permettra sans nul doute de limiter les déchirures du périnée.

J'ai encore l'image magnifique d'une maman que j'ai accompagnée pour la naissance de son troisième enfant. Pour son deuxième, elle avait écouté les avis du personnel médical qui l'avait dissuadée d'accoucher par voie basse, car son bébé se présentait en siège. Elle a très mal vécu la césarienne. Et lorsque je l'ai accueillie en salle d'accouchement, il semblait évident qu'elle voulait refermer cette « blessure psychologique ». Elle souhaitait faire naître son troisième bébé dans l'eau, mais tout au long de sa grossesse, on l'en avait dissuadée. Le discours était d'ailleurs plutôt axé sur le fait d'avoir une péridurale et de subir à nouveau une césarienne, du fait de son utérus cicatriciel.

C'était la nuit, j'étais la seule sage-femme de garde et aucune autre maman n'occupait la salle d'accouchement avec le spa. Je ne voyais aucun inconvénient à lui permettre de vivre la naissance qu'elle désirait tant. C'est ce qu'il se passa. Et je revois encore son sourire, jusqu'aux oreilles, tout au long du travail, et ce, jusqu'au moment où le bébé est né. Je découvris, pour la première fois, que l'on pouvait accoucher en souriant, en riant et sans péridurale !

Si je n'ai pas de péridurale, mais que l'on pratique une épisiotomie, est-ce que je vais avoir mal ?

Tout d'abord, il faut savoir qu'une épisiotomie est beaucoup moins pratiquée lorsque la maman n'a pas de péridurale. Simplement par le fait qu'elle pourra adopter une posture adéquate pour faire naître son bébé, qu'elle ressentira son périnée et dosera son envie d'accompagner la poussée. La chaleur du périnée provoquée par la distension de celui-ci permet de le protéger.

Ensuite, il est plus difficile pour la sage-femme de pratiquer ce geste, car vous ne serez probablement pas en position gynécologique. Il est nettement plus ardu de réaliser une épisiotomie si vous êtes accroupie. On privilégiera une déchirure. Les déchirures, lorsqu'elles se limitent au premier degré, sont plus respectueuses des tissus (on ne coupe pas en travers des tissus comme avec une épisiotomie. Les fibres se séparent lors de la déchirure) et cicatrisent de ce fait beaucoup mieux. Cette cicatrisation sera encore plus efficace s'il est possible de ne pas suturer.

Donc, non, vous n'aurez très probablement pas de douleur. Lorsque la tête du bébé appuie sur le périnée, celui-ci se distend : on nomme cela « l'ampliation périnéale », ce qui va refouler les fibres musculaires en arrière. Ainsi, la partie du périnée qui pourrait être coupée sera devenue très fine, superficielle. Les sensations seront diminuées dans cette zone.

Est-ce que je sentirai si on me recoud suite à une déchirure ou une épisiotomie ?

Si l'on doit suturer votre périnée, ne vous inquiétez pas. On vous administrera un anesthésique local au moyen d'une aiguille intradermique (très fine). Vous sentirez que l'on vous recoud, mais les points seront faits sans que vous ne sentiez de douleur.

J'ai entendu parler d'accouchement orgasmique. Est-ce que c'est possible ?

Je sais que cela est possible, mais je n'ai pas eu l'occasion d'en observer. Peut-être pour deux raisons : soit parce que j'ai travaillé majoritairement en structure hospitalière, ce qui n'est pas très propice à un orgasme, soit parce que, même en accompagnant les naissances à domicile, la maman ne se sentait pas assez dans son intimité. Je crois aussi que la femme doit pouvoir se sentir en totale confiance et oser être à l'écoute de son corps, afin d'accepter d'avoir du plaisir lors de ce moment si particulier de la naissance.

En effet, la naissance est très proche de l'acte sexuel. Les mêmes hormones sont en jeux et les sensations intenses de la naissance se trouvent surtout dans la sphère génitale, notamment au niveau du *yoni*.

J'utilise ici le mot sanskrit *yoni* pour désigner la sphère vaginale dans sa dimension puissante et sacrée. Car si j'utilisais le mot « vagin », nous pourrions nous méprendre et le voir uniquement comme une partie anatomique de notre corps, alors qu'il n'est pas que cela, bien entendu.

Les accouchements orgasmiques semblent être beaucoup plus rares pour les femmes qui vivent un accouchement médicalisé, du fait des substances injectées, qui altèrent l'alchimie et la sensibilité du corps.

7

APRÈS LA NAISSANCE

Nous portons beaucoup d'attention à la naissance, afin de la préparer et la vivre au mieux. Lorsque la naissance est physiologique, le post-partum est facilité. Pour autant, soyez douce avec vous-même : il y a 9 mois pour se préparer à l'accouchement, et toute une vie pour devenir parent.

Rentrer chez soi rapidement

Un autre avantage de l'accouchement sans péridurale est que l'on peut rentrer chez soi plus tôt si on le souhaite. En effet, avec une péridurale, pour un accouchement sans problème, vous pouvez rentrer chez vous au bout de 6 heures après la naissance. Et sans péridurale, vous pouvez rentrer chez vous au bout de 2 heures.

Certes, il n'y a que 4 heures de différence… mais vous ne serez pas dans le même état. Comme vous l'aurez compris au fil de votre lecture, la péridurale assomme à cause des produits anesthésiants, l'objectif étant de ne pas recevoir d'influx nerveux sur quasi les deux tiers de notre corps.

Être allongée pendant quelques heures, sans que le corps puisse effectuer des mouvements, n'est pas sans conséquence. Autant pour l'accouchement que pour votre propre organisme. Le corps a besoin de mouvements pour faire circuler les fluides (sang, lymphe), pour faire circuler les énergies, pour mobiliser les organes (comme les intestins, par exemple, qui ont besoin d'être activés aussi par les abdominaux pour aider le transit). Le corps en est donc privé, en grande partie, pendant plusieurs heures. Ce sera d'ailleurs important de demander à votre sage-femme, pendant la grossesse, quels sont les mouvements et les positions possibles avec une péridurale. C'est utile d'être préparée aux différents scénarios.

Ce n'est pas tout, car les produits anesthésiants de la péridurale ont aussi ralenti la dynamique utérine. La sage-femme est souvent obligée de relancer artificiellement les contractions avec l'hormone de synthèse de l'ocytocine. Et il existe des effets secondaires à ce produit. Plusieurs études commencent à nous alerter de ses dangers. Rien n'est anodin lorsque l'on « joue » les alchimistes, les magiciens, en voulant intervenir à la place du corps. Nous ne pouvons pas l'égaler, c'est impossible. Même si nous faisons des progrès, nous sommes loin de nous approcher de cette parfaite homéostasie.

Nous nous retrouvons donc imbibées de produits. Le corps devra essayer de s'en débarrasser, car ces produits sont néfastes, voire toxiques pour lui. Il mettra beaucoup d'énergie à le faire.

Nous ne sommes pas toutes égales devant tant d'agression de notre corps. Certaines arriveront mieux à éliminer, car elles auront un bon capital de départ, et d'autres, plus vulnérables, fragiles ou simplement épuisées, lutteront longtemps avant de retrouver un équilibre physique, psychique.

Alors oui, il y a 4 heures de différence, mais surtout une montagne à franchir entre les deux…

Vos questions

Serais-je moins sujette au baby-blues avec un accouchement sans péridurale ?

De plus en plus de scientifiques se penchent sur le lien de la perfusion d'ocytocine de synthèse et la dépression du post-partum. Cette dépression serait en effet majorée lorsque la patiente a reçu cette hormone de synthèse pendant le travail. Il est important de se rappeler que tous ces produits ne sont pas anodins. Tout médicament a des effets secondaires. Leur importance peut varier suivant les personnes, le moment de vie, le potentiel immunitaire. Des études démontreront un jour à quel point l'organisme souffre de cette médicalisation. Heureusement, nous avons quand même une capacité d'adaptation qui nous permet, la plupart du temps, de nous « relever ». Le principe d'homéostasie étant l'un de nos mécanismes de survie.

Aurais-je des douleurs après l'accouchement ?

Il est plus rare d'avoir des douleurs après une naissance physiologique, car l'absence de péridurale, d'instrumentalisation, d'injection d'hormones de synthèse... permet au corps de garder son intégrité et son équilibre interne. Les hormones naturelles sécrétées par la maman lui procurent un état euphorique et stimulant. S'il devait y en avoir, ce serait plus probablement :

DES TRANCHÉES UTÉRINES

Ces contractions de l'utérus permettent à celui-ci de retrouver sa position initiale, c'est-à-dire légèrement en dessous de la symphyse pubienne. Elles sont douloureuses, surtout pour les mamans ayant déjà un ou plusieurs enfants (multipares), durant 2 à 3 jours en général après l'accouchement. Vous pouvez vous soulager avec de l'homéopathie ou du Spasfon® (médicament antispasmodique), des massages, une bouillotte...

DES HÉMORROÏDES

Vous pouvez en souffrir surtout si vous en avez eu avant ou pendant la grossesse. Si celles-ci sont apparues pendant la poussée, on les nomme des « hémorroïdes de poussée » et elles se résorberont dans les 3 semaines qui suivent la naissance. Il existe différents traitements pour vous soulager tels que des pommades, des suppositoires ou l'homéopathie. Parfois, on peut être amené à soulager une hémorroïde en la « repoussant ». Sollicitez l'équipe médicale pour qu'elle vous aide à trouver une solution adaptée.

UNE DÉCHIRURE OU UNE ÉPISIOTOMIE

Elles sont moins fréquentes pour les femmes qui ont vécu un accouchement physiologique. Il existe plusieurs moyens pour vous soulager : cataplasme d'argile, de choux ou de lait maternel, pack glacé, homéopathie...

UNE SENSATION DE DISLOCATION DU BASSIN

On se sent « désarticulée », comme un pantin. Ce n'est en général pas douloureux, plutôt « désagréable ». Pour vous aider à retrouver votre schéma corporel, votre énergie, il est intéressant de s'offrir une séance d'ostéopathie.

Je viens de citer les principales douleurs que vous pouvez ressentir après la naissance et comment y remédier. Cette liste n'est pas exhaustive. Vous pouvez également en ressentir dans une partie de votre corps, notamment si vous en aviez déjà souffert pendant la grossesse ou si vous aviez des fragilités. Par exemple, si vous avez déjà eu mal au coccyx suite à une chute avant la grossesse, il est possible que cette douleur se réactive, notamment parce que le coccyx a la particularité de se rétropulser pour laisser passer le bébé lors de la naissance.

Si les méthodes naturelles ne suffisent pas à vous soulager, vous pouvez demander à l'équipe soignante des analgésiques qui pourront le faire. Restez tout de même prudente en utilisant ces produits qui ne sont pas sans effets secondaires.

Se sent-on différente après avoir donné naissance sans péridurale ?

Oui ! Vous vous sentirez différente, déjà parce que vous aurez fait un voyage extraordinaire : celui de donner la vie ! Et chaque naissance, chaque voyage, nous permet de découvrir une partie de nous. Lorsque l'on traverse ces ressentis si intenses de la naissance, on s'estime différemment. Nous portons un regard différent sur nous-mêmes. Probablement que la fierté vous gagnera. La fierté d'avoir pris conscience de cette puissance en vous. La fierté d'avoir expérimenté votre potentiel de femme et de mère.

Vaut-il mieux accoucher sans péridurale pour réussir son allaitement ?

Je crois qu'il faut être prudent. L'allaitement maternel, tout comme la naissance, ne résulte pas seulement d'un bouquet hormonal. Sa mise en place et sa réussite sont multifactorielles. Il est difficile donc d'incriminer un aspect et de le rendre coupable de tous les maux. Pour autant, certaines études ont démontré que la péridurale avait un impact sur l'allaitement, mais aussi sur la prise de poids du bébé, sa température corporelle et la relation mère-enfant.

Tout cela met en cause les produits analgésiants ainsi que l'hormone de synthèse de l'ocytocine. Celle-ci est largement utilisée pour les femmes sous péridurale, mais aussi dans la pratique de la délivrance dirigée, avec une injection par voie veineuse au moment du passage des épaules du bébé, dans le but de limiter le risque d'hémorragie maternelle (les résultats sont critiqués par certaines études scientifiques).

Les récepteurs à l'ocytocine sont saturés et la sécrétion d'ocytocine par l'organisme est perturbée. Or, l'allaitement fonctionne grâce à la prolactine, qui permet la production lactée, et à l'ocytocine, qui permet l'éjection du lait.

Quant à la relation mère-enfant, l'ocytocine joue un rôle prépondérant sur l'attachement. Michel Odent, chirurgien et obstétricien, a écrit dans *Recherche en santé primale* (1994) : « On peut affirmer que l'un des points les plus culminants de la sécrétion d'hormones de l'amour (ocytocine), qu'une femme peut avoir dans sa vie, se produit juste après la naissance de l'enfant, si la naissance se déroule sans intervention par substituts d'hormones. »

Dans ma pratique, et depuis le début de mes études de sage-femme, j'ai toujours entendu les sages-femmes dirent aux femmes ayant subi une césarienne et désireuses d'allaiter : « Ne vous inquiétez pas. Avec une césarienne, la montée laiteuse se fait plus tard. »

J'ai d'ailleurs repris ces propos pour les énoncer à mon tour pendant des années sans forcément savoir les expliquer. Nous l'observions. Lorsqu'on y regarde de plus près, on comprend que la césarienne a court-circuité le processus physiologique. Mais nous mettions surtout en évidence la relation entre la péridurale (si la césarienne était réalisée en urgence) ou la rachi-anesthésie (pour les césariennes programmées). Les produits anesthésiants sont donc incriminés dans nos pratiques, dans nos observations, sans même que nous n'y prêtions plus attention. Nous disions de façon machinale : « C'est normal, vous avez eu une césarienne. »

Ce qui est surprenant, en réalité, c'est de ne pas faire le rapprochement entre une femme ayant subi une césarienne et une femme ayant eu une péridurale.

Il me semble que la différence était plus flagrante à nos yeux pour les femmes césarisées, car les produits anesthésiants étaient plus fortement dosés. Il s'agit de faire une intervention chirurgicale, il faut donc que les doses soient appropriées pour ne pas faire souffrir la patiente, bien entendu.

L'accouchement sans péridurale a-t-il une influence sur le développement de l'enfant à long terme ?

Cette question pourrait soulever un sentiment de culpabilité chez les femmes qui ont eu ou souhaitent une péridurale, ou même chez celles qui en bénéficieront malgré le fait qu'elles n'en souhaitaient pas. Avant de répondre à cette question, je me permets de vous rappeler que « rien n'est permanent, sauf le changement » (Héraclite).

Nous faisons des découvertes scientifiques incroyables qui nous permettent de penser que rien n'est figé. Dès lors, notre vécu, quel que soit le moment donné, entre en résonance avec notre être. Ce vécu peut créer des déséquilibres. Nous devons être conscients que nos états physique, psychique et énergétique interagissent. Nous devons avoir à l'esprit que nos connaissances sont faibles quant au fonctionnement du corps humain. Il s'agit donc d'être prudent. Nous parlons aujourd'hui d'épigénétique, de plasticité cérébrale. Toutes les récentes découvertes sont en faveur du mouvement, de la transformation, de l'adaptation, de l'évolution.

Donc, il est bon de se rappeler que nous avons les capacités d'évoluer malgré un « jeu de cartes » peu satisfaisant au départ.

Les parents ont la possibilité de transformer le vécu de l'enfant en lui expliquant ce qu'il se passe. Ainsi, le bébé peut faire la part des choses entre ce que ressent sa maman et ce qui lui appartient ou non.

De nombreux pédopsychiatres travaillent dans ce sens. Car même quelques années plus tard, il est possible de « modifier l'empreinte de la naissance ».

Selon **Françoise Dolto**, pédiatre et psychanalyste, dans *Naître... et ensuite ?* (1982) : « Les paroles qui ont été dites s'écrivent comme des destins. »

Lise Bartoli, psychologue clinicienne et hypnothérapeute, explique dans son livre *L'Art d'apaiser son enfant* (2015) que les séances d'hypnose permettent de défaire des représentations engrammées depuis la naissance.

Myriam Szejer, dans une interview avec Pascale Senk pour le journal *Le Figaro* en 2011, explique : « De manière générale, quand la mère n'est pas disponible psychiquement pour accueillir son enfant, mon rôle est d'expliquer au nouveau-né ce qu'il se passe et notamment le fait qu'il n'est pas responsable de la détresse de ses parents. »

Nous pouvons donc communiquer à notre enfant ce qu'il se passe avec des mots d'adulte. Nul besoin d'infantiliser nos paroles pour s'adresser à lui. Il a certainement besoin d'entendre votre amour dans votre voix, mais aussi de comprendre la situation. Il faut lui expliquer que certaines choses ne lui appartiennent pas : comme votre stress ou votre colère. Qu'il n'est pas responsable de cela. Vous pouvez le faire lors de l'accouchement s'il se passe mal ou pendant la grossesse. Et bien entendu, tout le long de sa vie à vos côtés.

8

TÉMOIGNAGES

Ancienne sportive de haut niveau

CÉLINE, 37 ANS, 4 ENFANTS

Mon premier enfant est né en maternité, j'avais 28 ans. Je ne voulais pas de péridurale, mais n'ayant jamais accouché, je me gardais cette « roue de secours » au cas où… le cas où je baisserais les bras avant la ligne d'arrivée…

Pour moi, l'accouchement est une compétition. Non pas contre mon corps ou contre la douleur, mais avec ces deux-là comme partenaires. Ancienne sportive de haut niveau, j'ai préparé mes accouchements avec des techniques de visualisation positive principalement. Et en détaillant ce qui allait se passer mécaniquement. Ne pas savoir est source de peur. Et la peur libère des hormones incompatibles avec le bon déroulement d'un accouchement. Je sais que la douleur me guidera et me fera prendre des positions favorables pour permettre à mon/mes bébé(s) de trouver le chemin jusqu'à moi. Toujours rester connectée à mon bébé. C'est le graal, le but ultime, le sommet de ce trek si dur.

Tant que je gère mes forces, tant que je laisse faire mon corps, je n'ai pas besoin de péridurale. Je sais qu'elle est là, au cas où… Mon corps sait. « Ton boulot à toi, c'est de t'ouvrir » (le mantra de ma super sage-femme !). Des ronds sur le ballon, relâcher la mâchoire, un bain chaud pour détendre les jambes, et toujours, toujours, visualiser le col qui s'ouvre, le bébé qui passe. Visualiser pour ne pas perdre pied, et laisser faire.

Mes trois autres enfants sont nés à la maison. Même état d'esprit, même si la péridurale était un peu plus loin (10 minutes de route). Au cas où…

Accoucher la nuit

➔ LAURE, 37 ANS, 4 ENFANTS

Mes enfants ont 11 ans, 8 ans, 6 ans, 1 an et demi. Chef d'entreprise dans le e-commerce, je suis une maman aimante, allaitante, dynamique et investie. Voici le récit de mon dernier accouchement (seul le premier fut avec une péridurale).

Le 18 août au soir, les contractions ont débuté. Au bout de 2 bonnes heures de contractions, quelques derniers préparatifs, j'ai téléphoné à la maternité pour prévenir de notre arrivée (cela leur laissait le temps de lire mon projet de naissance). Nous sommes arrivés, mon mari et moi, vers 22 h à la maternité, soit 3 heures après le début des contractions, qui étaient tout à fait « gérables ».

Le premier côté positif d'accoucher la nuit (eh oui, quatrième accouchement de nuit !) se fait ressentir dès l'arrivée : pas de soucis pour se garer ! Puis on apprécie le calme dans les couloirs.

Première auscultation, après nous être occupés de la paperasse : col ouvert à 2. Un peu dépitée, j'aurais préféré entendre un nombre un peu plus élevé ! S'ensuivit un monitoring d'environ 40 minutes, ambiance zen ; on valide, mon mari et moi, le choix des prénoms… Le sage-femme, fort sympathique, qui avait bien lu mon projet de naissance (en deux mots, axé « naissance naturelle »), m'a proposé un bain. N'en ayant pas eu pour mes trois premiers accouchements, j'étais ravie ! Je lui ai demandé au passage si, pour lui, « c'était bien pour ce soir », mon col étant ouvert seulement à 3. Sa réponse étant positive, j'ai commencé l'homéopathie prescrite par la sage-femme avec qui j'avais suivi une préparation à l'accouchement sous hypnose. J'ai aussi « négocié » la pause du cathéter après le bain.

Mon bain prêt, nous voilà, mon conjoint et moi, dans la salle de bains. L'idée me vient qu'il me prenne en photo une dernière fois avant d'accoucher (et puis, qui sait, avec quatre korrigans, c'est probablement ma dernière grossesse !). Toujours dans la bonne humeur, mon mari, l'iPhone à la main, est prêt à me prendre en photo, lorsque… la poche des eaux se rompt ! Rires… Je ne peux plus profiter du bain. Il est minuit.

Ne souhaitant pas accoucher dans cette petite salle de bains, nous bipons. Un nouveau sage-femme apparaît, on le sent débordé. Nous passons en salle d'accouchement, celle où il y a le drap suspendu pour accoucher debout, le premier sage-femme me l'avait proposée. Mais là : pas de drap, on nous apprend que, la dernière fois, il a mis un mois et demi pour revenir du lavage…

On est tous les deux, on écoute de la musique, je veux des bruits de mer ou d'oiseaux, mon cher et tendre met la musique du Grand Bleu, *cela me convient. Les contractions deviennent douloureuses. Je m'assieds tout de même sur le ballon, pose ma tête sur mes bras croisés sur la table d'accouchement lors des contractions. Je gère ma respiration, j'inspire et souffle doucement trois longues fois. Mon mari me vaporise le visage. La douleur m'empêche toutefois de faire des mouvements de bassin sur le ballon.*

Je décide d'aller sur la table d'accouchement. Je me mets à quatre pattes 2 secondes : ce n'est pas comme ça que j'accoucherai. Mon col est ouvert à 7-8 cm. La sage-femme présente m'annonce qu'elle va chercher des papiers. Je me dis que bébé va bientôt sortir, quelle idée ! Mon mari me propose que je me mette sur le côté, comme pour mon accouchement précédent, j'approuve. Bébé s'engage dans le bassin, mon mari doit arracher ma culotte filet. Il bipe.

Première poussée, je demande où ça en est, le futur papa peut alors voir les cheveux du bébé. Deuxième poussée, la tête est bien sortie. Troisième poussée, les épaules, puis le corps. Il est 1 h 25. Je prends mon bébé que la sage-femme me tend, elle le frotte dans le dos, quelle merveille, je suis aux anges...

On m'aide à enlever ma robe. Débute un peau à peau, bébé cherche et trouve le sein tout seul.

Comme la nature est bien faite !

Mes jumeaux

DOROTHÉE, 35 ANS, 3 ENFANTS

Je suis maman d'une petite fille de 3 ans et de jumeaux (un garçon, une fille) de 2 mois. Quand j'ai su que j'attendais des jumeaux, il est devenu évident que j'accoucherais sous péridurale, même si ce n'était pas mon souhait premier.

Mais le sort en a décidé autrement, et après 11 heures de travail, la péridurale a cessé de faire effet, juste au moment où je commençais à pousser. Cela aurait sans doute été moins difficile si ma fille ne s'était pas présentée en bregma (front en avant) et mon fils en siège. Mon gynéco est allé les chercher tous les deux à la main...

Ce sont des sensations que je n'oublierai jamais. Cette douleur à laquelle je n'étais pas préparée, qui m'a fait perdre pied. Je me rappelle avoir dit (ou plutôt hurlé) à mon conjoint que j'allais mourir. J'ai vraiment eu cette sensation, quand mon fils est né, au pire de la douleur. Je perdais un morceau de moi-même, un morceau vital.

Mais malgré ça, j'ai senti que mon corps était prêt à endurer cette épreuve, j'ai compris à ce moment-là à quel point, nous, les femmes, sommes faites pour ça !

Aujourd'hui, j'ai oublié cette douleur, et je me suis remise de cet accouchement bien plus rapidement que pour le premier, où la péridurale avait fonctionné jusqu'au bout.

Et si c'était à refaire ? Je referais exactement la même chose !

« J'ai eu des accouchements express »

DIANA, 28 ANS, 2 ENFANTS

Zack, 4 ans, est né à 40 SA (semaines d'aménorrhée) et Yuna, 2 ans, à 41. J'ai vécu des accouchements rapides et sans péridurale. Pour mon fils, j'ai fait tout le pré-travail à la maison. J'ai perdu les eaux sur la table du monitoring et j'ai accouché 15 minutes après. C'était impressionnant, les sages-femmes n'y croyaient pas. Surtout pour un premier. Tout a été très vite.

Ma fille, entre l'arrivée à la maternité et sa naissance, ça a mis 2 heures… Pareil, sans péridurale.

Je ne vais pas le cacher… ça fait super mal ! J'en tremblais, je paniquais, mais les sages-femmes étaient top. Mon conjoint essayait tant bien que mal de gérer cette douleur avec moi. J'ai eu du mal à me dire, ça y est, je suis maman, tellement ça a été vite, mais je n'aurais pas aimé que ça dure 15 heures…

Je ne voulais pas de péridurale et, vu mes accouchements express, j'ai eu ce que je souhaitais. Malgré les courbatures, je n'ai eu ni épisiotomie ni déchirure.

« Mon échelle de bonheur »

SANDY, 2 ENFANTS

Je suis infirmière, sophrologue en périnatalité. J'ai toujours souhaité une approche naturelle pour mes accouchements afin de ressentir mon corps et d'éviter la surmédicalisation.

Pour mon premier accouchement, cela n'a pas été possible, mais pour la naissance de ma fille je m'étais préparée avec la sophrologie. J'ai mis en place un programme en sophrologie adapté à mes besoins et mes attentes, et j'ai rédigé un projet de naissance qui avait été présenté à l'équipe soignante. M'étant fracturé la cheville 3 jours avant l'accouchement et les anti-coagulants représentant une contre-indication à la péridurale, je serai actrice à 100 %.

Arrivée à la maternité dilatée à 2, on m'a directement installée en salle. Je ne pouvais pas être mobile à cause du plâtre, donc j'ai fermé les yeux, je me suis mise dans ma bulle, avec mes écouteurs, de la musique douce et mes séances de sophrologie. Mon mari a été d'un grand soutien avec ses massages et ses paroles rassurantes et encourageantes. La sage-femme a fait preuve de beaucoup d'écoute et de professionnalisme à mon égard. J'ai mis en place mes respirations et j'ai parlé à mon bébé avec un discours d'amour et de bienveillance. J'ai accueilli mes contractions en utilisant la visualisation positive, leurs intensités se calquaient sur mon échelle de bonheur.

La gestion de la douleur est sans doute le plus grand défi, il suffit d'en modifier la perception, s'en faire une alliée, l'apprivoiser, l'aimer et l'accompagner. La sophrologie est particulièrement adaptée et tout se passa dans une plus grande douceur et acceptation ; plus de lutte, mais un travail en duo. Ma fille est arrivée 4 h 30 plus tard, cela fut ma plus belle et intense expérience, et un des plus beaux jours de ma vie. J'étais fière de moi, de l'avoir fait et j'encourage toutes les mamans à aller au bout de leur rêve...

« J'ai toujours souhaité la péridurale »

CÉLINE, 39 ANS, 2 ENFANTS

Yann a 7 ans et demi et Maël 5 ans. Mon témoignage concerne mon premier accouchement en 2009. J'ai toujours souhaité la péridurale, je ne me voyais pas souffrir pendant des heures, quel intérêt du moment qu'il existe des solutions pour soulager les douleurs ?

J'ai eu mes premières contractions dès 1 h du matin, que j'ai gérées seule dans le salon et j'ai pu dormir seulement 1 heure. Les cours d'aquagym pour femmes enceintes m'ont aidée à gérer ces contractions, car j'ai appris à mieux souffler, à vider mes poumons pour me détendre. Nous avions des exercices où l'on devait pouvoir s'asseoir au fond de la piscine en vidant ses poumons. Mais pendant ces cours, je n'aurais jamais cru que cela me serait vraiment utile pour l'accouchement.

Vers midi, les contractions s'intensifient et nous partons à la maternité pour un monitoring de 1 heure. La sage-femme me conseille de rentrer puisque j'habite à côté, de manger, de me promener, de prendre un bain, de me faire masser.

J'ai donc mangé, puis promenade avec mon compagnon. Je me penchais vers lui, tronc perpendiculaire à mes jambes, pour me détendre à chaque contraction : une posture que j'avais trouvée toute seule et qui me soulageait. Puis le bain chaud qui atténue les contractions, et ensuite, je gère encore les contractions seule sur mon lit à quatre pattes, mais ça devient trop douloureux.

De retour à la maternité vers 17 h 30, monitoring à quatre pattes, perte des eaux, envie d'aller à la selle. C'est à ce moment-là, n'en pouvant plus, que je réclame la péridurale qu'on ne m'a jamais proposée. La sage-femme me répond que c'est trop tard, car je vais accoucher. Je panique un peu. On me transporte en salle de travail, on me demande dans quelle position je veux accoucher : sur le côté, et on me dit de pousser quand je veux. J'ai poussé de toutes mes forces quatre fois, en serrant les mains de mon compagnon, à tel point que j'ai eu des courbatures le lendemain, et j'étais essoufflée comme après un marathon ! Notre fils naît à 19 h !

Ce que je constate lorsqu'on accouche sans péridurale, c'est qu'on est vraiment à l'écoute de son corps, on trouve naturellement les positions qui nous soulagent, on peut bouger en attendant (heureusement que la sage-femme m'a renvoyée à la maison, sinon je me serais ennuyée à la maternité !) et on accouche vraiment seule, la sage-femme étant là pour nous guider. Je n'ai jamais crié, pleuré, car j'acceptais de souffrir.

« Je faisais "un" avec le miracle »

NADINE, 1 ENFANT

Fin 1984, une remarquable série d'émissions à la télévision : Le bébé est une personne, *de Bernard Martino, éleva ma conscience et ouvrit mon cœur à la maternité consciente. Ce fut un choc, un choc des images et des mots, et la rencontre avec l'haptonomie. Rappelez-vous, si vous avez vu cette émission, plusieurs scènes ont dû vous frapper. Par exemple, ce fœtus filmé à l'intérieur du ventre de sa mère, en train de réagir à l'écoute d'une symphonie de Beethoven, ou encore ce bébé répondant seulement à la voix de sa mère, alors que plusieurs le sollicitent.*

Quand il fut pour moi venu le moment de devenir mère, tout ce que cette émission avait semé et grâce à mes années de yoga, je savais que je ne pouvais qu'être accompagnée par un gynécologue ou une sage-femme pratiquant l'haptonomie. Je rencontrai alors le Dr Gérald Sélam et son équipe.

J'ai vécu la grossesse dans cette bulle merveilleuse de connexion avec le bébé, protégée par la grâce de la bienveillance de l'équipe médicale et de mon entourage.

Quand il fut venu le temps de l'accouchement, la préparation haptonomique et surtout la connexion avec mon bébé ont fait que j'étais sans peur, sans stress, dans la confiance de ce que j'avais vécu et dans l'équipe qui m'accompagnait.

J'étais tellement tranquille que je me suis rendue chez le gynécologue quelques heures après la perte des eaux, attendant toujours d'avoir des contractions TRÈS douloureuses – c'est ce que tout le monde disait –, et mes contractions à moi étaient très supportables. J'ai accouché en trois quarts d'heure.

Lors de l'expulsion, je suis partie dans un grand couloir d'énergie, je faisais « un » avec le miracle qui était en train de se faire : le miracle de la vie. Quelques heures après, je me rendais à pied dans ma chambre avec mon bébé dans les bras.

La naissance de ma fille fut pour moi une expérience totale, une initiation, ce fut une renaissance.

Intense et unique

CÉLINE, 3 ENFANTS

Je suis maman de trois enfants, âgés de 9 ans, 7 ans et 5 mois. J'ai vécu les trois naissances de façon différente. La première avec péridurale et les deux autres sans. Pour mon dernier bébé, j'avais décidé de demander la péridurale. Et pourtant…

« T'es plus forte que la douleur, t'es plus forte que la douleur », voilà ce que je me disais. À chaque contraction, je serrais les poings, je tirais les draps. Je les supportais plutôt bien. Alors, je me suis mise à penser : « Chiche, j'accouche sans péridurale, comme mamie, comme maman, à l'ancienne. Fais-le, en plus,

c'est ton dernier enfant. Je l'ai déjà fait pour ma deuxième. Je peux recommencer ! Et puis pas de piqûre ! »

Quelques heures plus tard, direction la salle d'accouchement. Le col était trop ouvert, je n'ai pas eu de péridurale. J'ai eu un gros coup de stress, j'ai eu peur de ne pas être à la hauteur. Sans péridurale, on sent bien bébé descendre, s'engager et sortir. J'ai trouvé ça long et difficile. Mais c'était vraiment intense ! Unique !

Moi qui n'ai pas confiance en moi, qui doute beaucoup, j'ai mis au monde, avec force, courage et détermination, mon bébé le plus naturellement possible. Quelle fierté !

À mes yeux, un accouchement sans péridurale, c'est un feu d'artifice d'émotions, mêlé d'inconnu, de stress, de peur, de douleur, mais aussi de dépassement et de découverte de soi, de pleurs, de joie, de fierté. Cela décuple l'amour que l'on a pour son enfant.

« Mon bébé est né par le siège »

SANDRA, 2 ENFANTS

J'ai eu deux accouchements sans péridurale. Durant ma première grossesse, mon bébé s'était placé en siège. J'ai dû faire une radio du bassin pour voir s'il pouvait passer par les voies naturelles. La radio a confirmé que c'était possible. Donc, je me suis interrogée : si je n'ai pas de césarienne, je ne serai pas obligée de prendre la péridurale ?

Il ne m'a fallu que quelques secondes pour y apporter une réponse, car j'avais déjà mon opinion avant d'être enceinte. Pas de péridurale ! Pourquoi me demandez-vous ? Je voulais vivre un accouchement de manière naturelle, ressentir toutes les sensations de l'accouchement, même les plus désagréables, ces fameuses contractions ! Ressentir dans tout mon être le moment où mon enfant sortirait de mon corps. Avec la péridurale, je pense que des sensations sont absentes, inexistantes. Et si, éventuellement, quelques peurs ou interrogations peuvent survenir, se dire que nous sommes entourées par des professionnels, des sages-femmes qui, dans mon cas, m'ont beaucoup aidée pour la respiration.

J'ai eu un accouchement extraordinaire. Avec plein de sensations physiques et mentales. Je n'ai pas regretté mon choix d'accoucher sans péridurale. Pour preuve, j'ai accouché une deuxième fois 4 ans et demi plus tard, toujours sans péridurale !

Aujourd'hui, je ne veux plus d'enfant, mais si j'en avais un troisième, vous connaissez mon choix : toujours sans péridurale.

« On se sent vivre »

ALEXANDRA, 27 ANS, 2 ENFANTS

Je suis maman d'un enfant de 5 ans et d'un autre de 2 ans. Pour mon premier, j'ai été déclenchée. J'avais demandé la péridurale, j'étais à 7 cm, j'ai tellement insisté qu'ils l'ont faite, mais 30 minutes après, j'accouchais... Donc, la péridurale n'a pas vraiment fait son effet. Je sentais les contractions qui étaient quand même douloureuses, mais supportables.

Pour mon deuxième, je suis arrivée à l'hôpital avec 6 cm d'ouverture. On m'a directement installée. J'avais demandé la péridurale, car j'avais trop peur de la douleur. Mais personne ne trouvait mes résultats de prise de sang, pour savoir si j'y avais droit, et mon médecin était parti à l'étranger. Ils m'ont donc fait une prise de sang et m'ont dit que ça prendrait plus ou moins 1 heure pour avoir les résultats, mais... 30 minutes après, bébé était là. J'ai accouché sans péridurale et je ne regrette rien. C'est bon, c'est beau de sentir son bébé arriver. Très douloureux, je ne dis pas, mais on se sent vivre. Voir, quelques minutes après, mon bébé, la raison de ces douleurs, c'est juste formidable.

« Mon secret »

ÉLODIE, 28 ANS, 1 ENFANT

J'ai eu mon premier enfant en 2016. Depuis le début de ma grossesse, je me disais que je ne voulais pas de péridurale. Au rendez-vous anesthésie, il m'a fait douter de moi en me disant qu'il ne viendrait pas en catastrophe si, finalement, je la voulais.

J'ai perdu les eaux le 2 juillet à 5 h 15 et tout est allé très vite, donc pas de péridurale, mais le gaz à inhaler pour aider à supporter. Je suis passée d'un col ouvert à 2 en arrivant à 8 en 45 minutes, donc les contractions devaient être assez violentes.

Il n'y avait plus de gaz pour la sortie de bébé, c'était parfait. À 10 h, Simon était parmi nous. Mon secret : il suffit juste de bien respirer et ne pas se bloquer pendant la contraction. Et les cours de préparation, il faut les faire, cela m'a aussi beaucoup aidé.

J'ai pu me lever directement après l'accouchement pour profiter de mon bébé.

« L'accouchement a été déclenché »

ANNE, 37 ANS, 1 ENFANT

J'ai déjà vécu trois grossesses, dont une fausse couche précoce et un enfant né à terme sans vie, et je suis actuellement à nouveau enceinte. J'ai un enfant de 4 ans, Oriane. Je témoigne ici de sa naissance.

J'ai choisi un suivi médical allégé, c'est-à-dire que je n'allais voir le gynécologue que pour les visites obligatoires. Nous avons également été suivis en haptonomie à partir du 4e mois de grossesse par Fanja[3]. C'est un suivi d'une grande richesse humaine, non

3. Sage-femme, formée en haptonomie périnatale et en pédagogie d'accompagnement du petit enfant.

médical, que nous avons beaucoup apprécié. J'ai également suivi des cours d'accompagnement à la gestion de la douleur par la méthode Naître Enchantés (vibrations sonores).

Nous avons choisi une clinique de taille familiale, bien structurée pour les accouchements physiologiques, notamment avec la possibilité d'accoucher dans l'eau. Nous avons rédigé un projet de naissance afin de présenter nos souhaits d'accompagnement le moins médicalisé et le plus intime possible (ballons, musique, baignoire, pas de péridurale, chambre individuelle avec possibilité pour le papa de dormir sur place…).

L'accouchement a été déclenché en raison d'un dépassement de terme de 5 jours. J'ai utilisé le ballon et vocalisé avec la méthode Naître Enchantés. J'ai eu des difficultés à gérer les contractions sur le lit médicalisé malgré les massages de mon mari, le col ne s'ouvrait pas. J'ai demandé à aller dans le bain, ce qui a accéléré le travail en 30 minutes. J'avais bien mal et j'ai fini par réclamer une péridurale. À ce moment-là, une sage-femme a regardé où en était le travail et m'a dit que la tête du bébé était proche et que c'était dommage de prendre une péridurale. Elle a préparé la salle de naissance avec la baignoire d'accouchement. Je suis entrée dans cette baignoire pour la fin du travail. Comme le bébé ne passait pas la dernière étape, le gynécologue a proposé de me surélever le bassin avec un petit tabouret. Le bébé est alors sorti en trois poussées intenses… Je me souviens particulièrement de la brûlure du passage au niveau de la vulve. J'ai eu deux petites éraillures.

Au final, j'ai vécu l'accouchement dont j'avais rêvé, dans l'eau et sans péridurale malgré le déclenchement chimique. La présence de mon mari a été essentielle : il m'a massée, m'a fait chanter, m'a soutenue tout au long du travail. Dans la salle d'accouchement, j'ai senti que nous étions entourés de vibrations, celles des amies présentes au Blessingway [4], nos autres amis et la famille.

Pour la naissance de ma seconde fille, Naïa, qui est née sans vie, j'ai également accouché sans péridurale malgré l'accouchement catastrophique sur une table d'opération, en position non physiologique… Je n'ai eu aucune éraillure et j'ai pu m'asseoir dès le lendemain du drame.

Ceci pour témoigner que le corps des femmes est incroyable et capable de prouesses. Il est temps de lui faire confiance sans peur, de nous faire confiance, à nous, les futures mamans et les futurs papas.

La réalité d'un accouchement

GISÈLE, 65 ANS, 1 ENFANT

15 avril 1998, j'ai 46 ans et je vais mettre au monde mon premier enfant à la maison.

Ce matin, vers 10 h, mon « instinct » m'a prévenue, et sans trop savoir pourquoi, je passe toute la journée à ranger et nettoyer de fond en comble mon studio. Je change les draps de mon lit. Je m'active… tout semble prêt en ce jour très spécial.

Vers 23 h 30, j'appelle enfin la femme médecin homéopathe qui va m'accoucher à domicile. C'est sa spécialité et elle se déplace dans tout le département. Car je sens les premières douleurs légères, mais bien réelles de mon col qui se dilate petit à petit. Elle, prenant tout son temps, n'arrivera que vers 1 h 30 du matin pour constater que le travail est déjà bien avancé.

4. Blessingway signifie « chemin de bénédiction ». C'est un rituel qui permet de célébrer la grossesse. Il a lieu en général au 7e mois de grossesse.

Pendant plus de 2 h 30, je vais arpenter mon studio de long en large, car marcher me détend et m'apaise, je suis très concentrée, c'est le moment de respirer et mettre en application tous les conseils de la préparation. Comme j'ai beaucoup pratiqué le yoga depuis une vingtaine d'années et aussi pendant ma grossesse, je n'ai pas d'angoisse et je suis très sereine.

Une pointe d'appréhension tout de même, car j'ignore tout des « sensations » qui m'attendent et de la « réalité » d'un accouchement puisque c'est la toute première fois… Les lumières ont été tamisées, j'allume des bougies et de l'encens, et c'est au son d'une très douce musique relaxante indienne que j'accueille les premières grosses contractions, le dos appuyé sur des coussins, bien calée sur mon lit. Tout va alors vite. Je me sens comme « emportée » par des vagues gigantesques d'énergie et d'amour, un flux et reflux régulier m'entraîne et me guide… je ne fais plus qu'un avec cette pulsation géante. Impossible d'y résister !

C'est plus fort que tout et je me laisse littéralement porter par une sorte de lame de fond impérieuse et colossale. Juste le temps de reprendre un peu mon souffle entre deux contractions. Mon âme déborde de sensations jusque-là encore inconnues… Mélange de douleur et d'endorphines. Sensation de ne faire plus qu'un avec l'Univers tout entier, de vivre un événement d'une dimension « cosmique », bouleversant et « magique ».

Je vais donner la vie et j'ai l'impression de « renaître » à mon tour, de m'ouvrir à une dimension inconnue, quasi mystique et divine. Dans quelques minutes, à 4 h 30 du matin, je vais tenir ma petite fille sur mon cœur et faire la connaissance de cette âme toute pure qui me transcende déjà par son innocence et sa douceur.

Ne pas se mettre la pression

MÉLANIE, 1 ENFANT

J'avais 28 ans quand j'ai donné naissance à mon fils Zackary. Je me présenterais comme une fille de la terre. J'ai été élevée avec la nature et elle continue toujours de me guider !

J'ai eu une grossesse géniale, à part quelques petits maux vite oubliés. Tout comme ma grossesse, je souhaitais un accouchement des plus naturels, à l'hôpital. Je ne savais pas si mon mari pourrait être présent à l'accouchement et comme je ne voyais personne d'autre à sa place, je devais me préparer à être seule à l'accouchement.

Conseillée par la sage-femme qui m'a suivie pendant la grossesse, j'ai fait un projet de naissance dans lequel j'ai fait part de l'ensemble de mes souhaits pour un accouchement sans péridurale, afin de pouvoir gérer au mieux la douleur. Même si j'ai eu le droit au elles-disent-toutes-ça ! de l'anesthésiste lors de la visite obligatoire.

Je me suis préparée avec l'aide de la sage-femme à cet accouchement : sophrologie, mouvements, exercices, granules homéopathiques…

Le jour J, ou plutôt la nuit N, l'heure de la rencontre approchait. Comme on nous avait prévenus que cela allait durer longtemps, j'ai retardé le plus possible notre arrivée à la maternité : finalisation de la valise, douche, route la plus longue et même plein de carburant par mon mari ! Heureusement, mon mari était là et je n'avais plus le stress de savoir s'il allait être présent ou non.

La sage-femme qui m'a prise en charge à tout de suite lu mon projet de naissance. Comme il n'y avait pas de monitoring ambulant disponible, j'ai donc dû garder au minimum 45 minutes le monitoring. C'est vrai que ce n'est pas l'idéal pour gérer la douleur qui était concentrée dans le bas du dos. Le monitoring a duré plus que prévu, car il y avait beaucoup de monde et que j'ai dû trop bouger lors de cette première séquence. Ils ont donc dû le laisser pour une seconde séquence. Je n'ai pas supporté cette séquence, j'ai demandé à mon mari d'appeler la sage-femme pour me débrancher et pouvoir me lever et marcher. Je commençais à atteindre un palier de douleur assez difficile. La sage-femme m'a examinée : pas de répit, le bébé était là, il fallait y aller ! J'ai rassemblé toutes mes forces et j'ai suivi ses instructions. Et nous avons pu enfin rencontrer notre bébé.

Je n'en tire aucune supériorité ni gloire. Je pense qu'il faut respecter le choix de chacune et féliciter celles qui n'ont pas pu. Il ne faut pas se mettre la pression : on y arrive, c'est bien, on n'y arrive pas, c'est bien aussi. L'essentiel est surtout dans le moment magique de la rencontre avec ce petit être qui va changer toute votre vie !

Un travail long

SARAH, 26 ANS, 1 ENFANT

Maman d'une petite fille de 2 ans et demi. Accoucher sans péridurale était pour moi la suite logique de ma grossesse. Je reste persuadée que l'appréhension est un facteur déterminant pour le ressenti de la douleur ; je me suis donc préparée en me disant que cela serait loin d'être agréable, mais rien d'insoutenable.

J'ai eu un travail vraiment très progressif, mais long (30 heures), tant dans l'intensité des douleurs que des contractions. Pour m'aider à me recentrer, j'ai passé de nombreuses heures entre la douche chaude et la baignoire. J'ai aussi veillé à gérer mon souffle et mes respirations tout au long du travail (ce qui devient dur avec la fatigue). Mais l'élément clé, selon moi, est d'avoir été dans l'acceptation, ce qui m'a permis d'être au centre de mon accouchement, en pleine conscience.

« Cet instinct qui vous guide »

ALEXIA, 27 ANS, 1 ENFANT

Maman d'une petite fille depuis 1 mois. Cette première grossesse, j'ai souhaité la vivre en pleine conscience et dans le respect de mon corps et de mon bébé. J'ai donc instinctivement adopté une démarche « naturelle » : j'ai suivi des cours de yoga prénatal et fait des méditations pour la préparation à l'accouchement, utilisé de l'homéopathie et des huiles essentielles pendant la grossesse et le travail. Pour moi, accoucher sans péridurale était une évidence : mon corps est fait pour porter la vie et mettre un enfant au monde, je lui fais donc confiance et j'ai confiance en bébé à qui j'ai énormément parlé tout au long de la grossesse.

Oui, j'ai souffert. La douleur que j'ai ressentie durant les contractions est indescriptible. Mais ce qui l'est encore plus, c'est cet instinct qui vous guide le jour J. Je savais, je sentais comment je devais respirer, les positions à adopter pour me soulager et surtout la dilatation de mon col et l'engagement de bébé dans le bassin. C'était incroyable. J'étais focalisée uniquement sur mon bébé, je l'encourageais et je ne pensais qu'à notre rencontre. Pour moi, le plus important, c'était de lâcher prise totalement, de m'écouter, de respirer et surtout de ressentir pleinement le calme intense entre les contractions pour « recharger les batteries ».

J'ai eu l'accouchement qui me correspondait : naturel, dans le respect et la douceur. J'en suis heureuse et fière !

Un antidouleur formidable

MORGANE, 28 ANS, 2 ENFANTS

Pour mon premier bébé, c'était clair pour moi, il naîtrait à l'hôpital où je me précipiterais dès les premières contractions pour avoir la sacro-sainte péridurale ! Je me disais que les femmes qui choisissaient d'accoucher sans étaient drôlement courageuses ! (En réalité, je pensais surtout qu'elles étaient folles !) Mon accouchement a été une catastrophe (nausées, forceps, déchirure compliquée et hémorragie !), et en plus, j'ai eu mal, très mal ! La péridurale n'a fait effet que 2 petites heures ; ensuite, non seulement j'avais mal, mais je ne pouvais plus me lever.

Pour mon deuxième bébé, j'ai décidé d'accoucher en plateau technique. Le jour J, je gère mes contractions grâce à la respiration abdominale. Du moment que je suis debout ou que je marche, les contractions sont tout à fait gérables ; dès que je m'allonge, par contre, c'est atroce. C'est là que je me rends compte que la position gynécologique est vraiment un frein à un accouchement physiologique et que la liberté de mouvement est un antidouleur formidable ! J'ai accouché à même le sol, j'ai senti chaque contraction me rapprocher de mon bébé, j'ai senti sa tête descendre, j'ai senti mon bébé naître. Chaque poussée était un reflex incontrôlable, je n'avais pas ressenti ça pour mon premier. Et aussi incroyable que cela puisse paraître, je n'ai pas eu mal du tout lors de la phase d'expulsion.

J'ai eu vraiment le sentiment d'être l'actrice principale de mon accouchement. On en ressort plus tout à fait la même, pas tout à fait une autre, avec une vraie fierté. Qui aurait cru que j'aurais plus mal lors d'un accouchement avec péridurale que sans ?

« Je suis davantage sûre de moi »

CLÉMENCE, 29 ANS, 1 ENFANT

Je suis maman d'un petit garçon de 3 ans. Je suis actuellement enceinte d'une petite fille, dont le terme est prévu dans les 15 prochains jours. Lors de mon premier accouchement, j'ai eu recours à la péridurale, accouchement long, le col ne se dilatait pas. Avec le recul, j'ai le sentiment d'avoir été spectatrice de mon accouchement et d'un personnel médical débordé au moment où mon bébé arrivait (car il y avait une urgence à côté). J'ai dû patienter alors que lui poussait et arrivait tant bien que mal, ce qui a eu des conséquences sur la tonicité de mon périnée.

J'ai fait beaucoup de chemin depuis, je souhaite cette fois-ci accoucher sans péridurale (bien que l'accouchement ait lieu en milieu hospitalier) et l'élément déclencheur a été une de vos vidéos[5] *au début de ma grossesse sur le clampage du cordon. Je pratique le yoga depuis ma première grossesse et j'ai décidé de compléter ma préparation à la naissance avec des séances d'auto-hypnose. Tout cela afin de pouvoir me mettre dans ma bulle le jour J et d'accueillir la douleur sans en avoir peur. Je sais que chaque contraction, aussi intense soit-elle, nous rapprochera de la rencontre avec notre petite fille. Je suis davantage sûre de moi et de mes choix, je sais que tout ira bien. Pour résumer : le yoga, l'auto-hypnose, et de belles lectures et réflexions spirituelles, m'ont été d'une précieuse aide durant ces 9 derniers mois !*

5. « Cordon ombilical STOP, ne le coupez pas ! », chaîne Youtube Aurélie Surmely.

« C'était magnifique »

CINDY, 29 ANS, 2 ENFANTS

Mon histoire avec la maternité a débuté avec ma fille née suite à un déclenchement (non justifié). Tout s'est bien passé sur le plan physiologique, mais le côté humain de la prise en charge fut catastrophique et assez traumatisant pour moi et mon mari. Pour mon deuxième enfant, j'ai cherché un accompagnement différent par peur de revivre une naissance dans les mêmes conditions.

Je me suis tournée vers un accouchement à la maison. Ce qui me rassurait était d'avoir une sage-femme tout au long de ma grossesse qui me connaisse, en qui j'aurais confiance et qui, je le savais, le jour J, respecterait mes choix, ma pudeur, mon enfant et mon mari !

Pendant toute la grossesse, je me suis préparée : à avoir confiance en moi, en mon corps et en mon bébé. J'ai appris à suivre mes intuitions et surtout à imposer mes choix concernant cette future naissance. Pas mal de doutes m'ont tout de même traversée : serais-je capable d'affronter la douleur, de savoir quand appeler la sage-femme, d'accueillir mon nouveau-né comme je le souhaitais ? C'est comme me préparer à un marathon alors que je ne pratique pas la course à pied !

Tous ces doutes ont été balayés le jour J ! Avec le recul, je me dis, moi qui pensais accoucher vite, comment ai-je pu attendre 9 heures de travail avant d'appeler la sage-femme ? Je ne peux, à ce jour, toujours pas me l'expliquer. Mais le jour J, je savais que tout allait bien, que l'expulsion n'était pas imminente.

J'ai donc accouché de mon petit garçon, dans mon salon, après 12 heures de travail. Ma sage-femme est arrivée 1 heure avant la naissance. J'étais debout au-dessus de la piscine d'accouchement, qui m'a bien aidée les 2 dernières heures du travail, soutenue par mon mari.

C'était magnifique, je ne saurais décrire l'état dans lequel on se trouve à ce moment-là, dans une bulle où tout semble se dérouler comme la nature l'a prévu. La douleur, j'ai passé toute ma grossesse à me dire qu'elle me serait utile. Lors de mon accouchement, je l'ai donc suivie, accompagnée : elle m'a guidée !

L'allaitement a coulé de source juste après la naissance, je me suis remise très rapidement : ce sont des avantages non négligeables !

Au-delà de ce qu'il s'est passé ce jour-là, j'en garde aujourd'hui une expérience véritablement transcendante, de reconnexion aux femmes du monde, à nos ancêtres, à la « femme sauvage ». J'ai plus que jamais confiance en la vie et en moi !

Relâcher la pression

CÉLINE, 31 ANS, 2 ENFANTS

Enceinte de ma troisième fille à 31 ans, je me prépare à mon accouchement prévu dans 3 mois. Lors de ma première grossesse, j'étais pleine de volonté et souhaitais accoucher le plus naturellement possible, avec notamment l'absence de péridurale. J'ai perdu les eaux avant que mon col ne s'ouvre, ça a pris beaucoup de temps et je n'avais plus la possibilité de prendre un bain à cause de la rupture des eaux. J'ai craqué et j'ai demandé la péridurale, mais compte tenu de mon projet de naissance, elle a été faiblement dosée et j'ai pu quand même avoir tous les ressentis sans la douleur au moment de l'expulsion. Avec le recul, le choix de la maternité est primordial, et surtout le fait de ne pas se mettre la pression.

Pour ma deuxième grossesse, des raisons de santé ne m'ont pas permis d'opter pour la péridurale. À 6 mois, on m'a laissé le choix : soit programmer un déclenchement (en arrêtant mon traitement non compatible quelques jours avant), soit accoucher sans. J'ai choisi sans et, pour me préparer au mieux, j'ai testé le chant prénatal, la sophrologie et la réflexologie plantaire. Tout m'a aidée, mais le mieux a été la méditation. Lors de l'accouchement, j'ai vécu une expérience extraordinaire où, suite à des mois de galère de santé, j'ai pu reprendre le contrôle de mon corps. Je n'ai ressenti aucune souffrance et en garde un souvenir inoubliable.

Aujourd'hui, je me prépare, face au même choix, en faisant des cours de préparation à l'accouchement : yoga prénatal et hypnose. Je vis aussi la grossesse beaucoup plus sereinement grâce à la méditation.

CONCLUSION

S'il devait y avoir une naissance idéale, je dirais qu'elle devrait être respectueuse, humaine. Qu'elle devrait conserver son aspect magique, sacré. En réalité, il n'y a pas un scénario, pas une naissance idéale, mais une multitude. Il me semble que nous devons garder cela à l'esprit.

Le point commun à toutes les mamans donnant naissance est sans nul doute l'importance de ce qui a été vécu, de ce qui a été ressenti. Il est vrai que nous ne pouvons pas prédire comment se passera l'accouchement, mais nous pouvons nous donner les moyens, la connaissance, le temps de nous préparer à accueillir la naissance. J'entends par connaissance « l'art du non-savoir ». Être capable de s'abandonner à son corps pour vivre la naissance, tout en ayant suffisamment d'informations pour créer les conditions qui permettent de le faire.

Il y a peu de temps que les femmes accouchent dans les hôpitaux. Pourtant, nous avons cette impression que cela a toujours été. Nous sommes conditionnés pour accepter des cadres, des dogmes, des limites qui, pourtant, viennent d'être érigés. Mais pour qui et pourquoi ces cadres ont-ils été élaborés ? Il y aurait tant de questions qui mériteraient une réponse. Seulement voilà, nous ne devons pas attendre une réponse. Nous devons nous poser d'autres questions, auxquelles nous avons la possibilité de répondre : est-ce que cette situation me convient ? Est-ce que ce choix est le mien ? Est-ce qu'il correspond à mes valeurs et à mes envies ? À mon bonheur et à ceux que j'aime ?

J'aime ces nouveaux penseurs, ces philosophes de notre siècle, qui nous rappellent que nous sommes acteurs de nos vies, que nous en sommes responsables. Que nous sommes responsables des êtres qui vivent sur cette planète et de la planète dans son ensemble.

Nous avons trop longtemps segmenté l'être humain. Dans le milieu médical, nous parlons des organes et nous oublions les systèmes, la cohésion de l'ensemble, la dynamique et les énergies qui y circulent. Dans notre quotidien, malgré nous, nous retrouvons ce schéma : dans notre façon de penser, d'agir, de communiquer, d'être. Nous oublions que nous sommes une entité pluridimensionnelle. Nous sommes un squelette animé, certes, mais aussi un être doué de sentiments, d'émotions, d'intelligence. Nous abritons le plus précieux des trésors dans notre cœur et percevons cet élan spirituel qui nous donne l'envie de répondre à ces questions : qui suis-je ? Pourquoi suis-je là ? Comment nourrir ce qui est bon en moi ? Comment puis-je évoluer ? Comment puis-je être heureux(se) ?

Alors, il était primordial pour moi que vous puissiez retrouver dans ce livre toutes ces dimensions. Nous sommes des êtres qui doivent être considérés dans leur globalité. Lorsque nous le sommes, nous le percevons. Nous nous sentons considérés, nous nous sentons connectés.

Ne morcelons plus notre vie, notre personnalité. Prenons conscience de notre potentiel. Lorsque nous osons être nous-mêmes, nous devenons créatifs, nous créons nos vies. Et nous le faisons en harmonie avec ce qui nous entoure. Et, mieux encore, nous permettons à nos enfants d'accéder plus rapidement à cette belle énergie de vie.

Nous pouvons faire des choix éclairés et conscients.

À toutes les mamans, je vous souhaite une MèreVeilleuse naissance.

À toutes les familles, les papas, les bébés et les aînés, une magnifique rencontre.

With love,

Aurélie

Continuons le voyage tous ensemble

Instagram @aureliesurmely.coach @echoquantique

Facebook Aurélie Surmely

Remerciements

Merci à toutes les mamans, les couples, les bébés, les familles, qui m'ont permis de devenir sage-femme et de vous livrer ces précieuses connaissances.

Merci à la Belgique de m'avoir ouvert le chemin de la physiologie et à toutes les personnes qui m'ont permis de mieux l'observer : Jacqueline Lavillionnière, Bénédicte De Thysebaert, Doris Nadel, et tant d'autres.

Merci aux mamans qui ont témoigné dans ce livre : je suis touchée par votre confiance et vos écrits.

Merci à Delphine et Nathalie pour avoir été mes premières lectrices : votre soutien m'est précieux.

Je remercie les Éditions Larousse, et plus particulièrement Nathalie Cornellana-Maraï pour m'avoir permis de faire naître ce livre.

Mon cœur de maman s'emplit de joie à l'idée de dédicacer ce livre à mon fils Maxence, qui a fait de moi une maman : « Je t'aime mon Amour. »

Florent, mon âme se réjouit de t'avoir auprès de moi. Merci à l'Univers et à Chariji de t'avoir mis sur mon chemin. Ma gratitude est immense.

Merci à vous de m'avoir lu et de vous donner l'occasion d'avancer dans vos choix.

BIBLIOGRAPHIE

Bardacke Nancy, *Se préparer à la naissance en pleine conscience*, Le Courrier du livre, 2016.

Bergeron Léandre, *Accoucher à la maison ?*, Myriadis, 2016.

Birman Chantal, *Au monde. Ce qu'accoucher veut dire. Une sage-femme raconte…*, Éditions de La Martinière, 2003.

Bonnet del Valle Muriel, *La Naissance, un voyage. L'accouchement à travers les peuples*, Éditions L'Instant Présent, 2009.

Brabant Isabelle, *Une naissance heureuse. Bien vivre sa grossesse et son accouchement*, Chronique Sociale, 2013.

Calais-Germain Blandine, Vives Parés Núria, *Bouger en accouchant. Comment le bassin peut bouger lors de l'accouchement*, Adverbum, 2009.

Champalou Véronique, *27 mois pour naître. L'empreinte de naissance*, La Source Vive Éditions, 2017.

Gallotti Anna, Lorenzen Maryvonne, *Faire les bons choix*, Eyrolles, 2015.

Jones Carl, *Mind over Labor. A Breakthrough Guide to Giving Birth*, Penguin Books, 1988.

Kaplan Shanley Laura, *Accoucher par soi-même. Le guide de la naissance non assistée*, Mama Éditions, 2012.

Lansac Jacques, Descamps Philippe, Goffinet François, *Pratique de l'accouchement*, Elsevier Masson, 2016.

Lepri Jean-Pierre, *La Fin de l'éducation ? Commencements…*, Myriadis, 2016.

May Gaskin Ina, *Le Guide de la naissance naturelle. Retrouver le pouvoir de son corps*, Mama Éditions, 2012.

Nadel Doris, *Quelle naissance aujourd'hui pour quelle société demain ? Parcours d'une sage-femme engagée*, Éditions Yves Michel, 2015.

Piraud-Rouet Catherine, Sampers-Gendre Emmanuelle, *Attendre bébé… autrement. Ressources pour une grossesse naturelle*, Éditions La Plage, 2008.

Rabhi Pierre, *La Puissance de la modération*, Hozhoni Éditions, 2015.

Texier Martine, *Accouchement, naissance. Un chemin initiatique*, Éditions Le Souffle d'Or, 2012.

Trélaün Maïtie, *J'accouche bientôt. Que faire de la douleur ?*, Éditions Le Souffle d'Or, 2012.

Van Eersel Patrice, *Mettre au monde. Enquête sur les mystères de la naissance*, Livre de Poche, 2010.

PAPIER À BASE DE FIBRES CERTIFIÉES

LAROUSSE s'engage pour l'environnement en réduisant l'empreinte carbone de ses livres. Celle de cet exemplaire est de : 1 kg éq. CO_2
Rendez-vous sur www.larousse-durable.fr

Imprimé en Espagne par GRAFO
Dépôt légal : août 2021
328494/01 - 11047145- juillet 2021